Inhalt

Obst macht fröhlich: Händler mit Granatäpfeln im Crawford Market 10

Mumbai auf einen Blick

0 — 1000 m

Exkurse zwischendurch

Bewertung der Sehenswürdigkeiten

★★★ auf keinen Fall verpassen
★★ besonders sehenswert
★ wichtige Sehenswürdigkeit für speziell interessierte Besucher

Benutzungshinweise

Orientierungssystem

Eine **Liste der im Buch beschriebenen Örtlichkeiten** wie Sehenswürdigkeiten, Restaurants, Hotels, Cafés, Infostellen befindet sich auf S. 139.

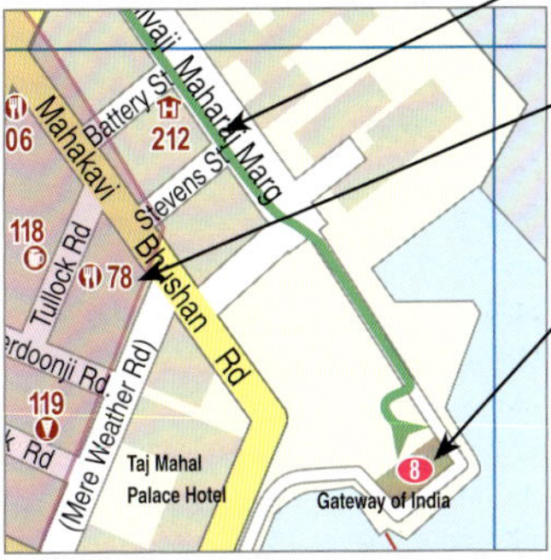

Zur schnelleren Orientierung tragen alle Hauptsehenswürdigkeiten und Lokalitäten sowohl im Text als auch im Kartenmaterial die gleiche Nummer:

- Die farbige Linie markiert den Verlauf der Stadtspaziergänge (s. S. 8, S. 11 und S. 17).
- **78** Mit Symbol und fortlaufender Nummer werden die sonstigen Lokalitäten wie Cafés, Geschäfte, Hotels, Infostellen usw. gekennzeichnet.
- **8** Mit einer fortlaufenden magentafarbenen Nummer sind die Hauptsehenswürdigkeiten gekennzeichnet. Steht die Nummer im Fließtext, verweist sie auf die Beschreibung dieser Sehenswürdigkeit im Kapitel „Mumbai entdecken“.
- [H12] In eckigen Klammern steht das Planquadrat im Kartenmaterial, in diesem Beispiel Planquadrat H12.

  Ortsmarken ohne Angabe des Planquadrats liegen außerhalb unserer Karten. Sie können aber wie alle Örtlichkeiten in unseren speziellen Luftbildkarten auf der Produktseite dieses Buches unter www.reise-know-how.de oder direkt unter http://ct-mumbai.reise-know-how.de lokalisiert werden.

Adress- und Telefonangaben, Öffnungszeiten

Viele größere Gebäude in Mumbai sind mit einem Namen (auf Englisch, Hindi oder Marathi) bezeichnet, und so wird oft dieser **Gebäudename statt einer Hausnummer** angegeben. An vielen Gebäuden sind Hausnummern gar nicht zu finden. Bei postalischen Angaben steht die Postleitzahl nach dem Namen der Stadt.

Mumbai hat die **Telefonvorwahl 022**, die bei Telefonaten vom Handy auch bei Ortsgesprächen mit eingegeben werden muss. Die Nummern von Landanschlüssen sind achtstellig.

Sofern bei den **Öffnungszeiten** von Restaurants, Shops etc. keine Tage angegeben sind, ist täglich zu den angegebenen Zeiten geöffnet.

Abkürzungen und Sonderzeichen

- ₹ = Symbol für die indische Rupie
- ā, ī, ū – lang gesprochene Vokale
- Bldg. = *Building* (Gebäude)
- C.S.T. = Chhatrapati Shivaji Terminus
- (E)/(W) = Osten *(East)*/Westen
- MH = Bundesstaat Maharashtra
- veg./non-veg. = vegetarisch/nicht-vegetarisch
- Rd. = *Road* (Straße)
- St. = *Street* (Straße)

Impressum

Rainer Krack

CityTrip Mumbai

erschienen im
Reise Know-How Verlag Peter Rump GmbH,
Osnabrücker Str. 79, 33649 Bielefeld

1. Auflage 2013

ISBN 978-3-8317-2263-1
Printed in Germany

Dieses Buch ist erhältlich in jeder Buchhandlung Deutschlands, der Schweiz, Österreichs, Belgiens und der Niederlande. Bitte informieren Sie Ihren Buchhändler über folgende Bezugsadressen:

- Deutschland: Prolit GmbH, Postfach 9, D-35461 Fernwald (Annerod) sowie alle Barsortimente
- Schweiz: AVA Verlagsauslieferung AG, Postfach 27, CH-8910 Affoltern
- Österreich: Mohr Morawa Buchvertrieb GmbH, Sulzengasse 2, A-1230 Wien
- Niederlande, Belgien: Willems Adventure, www.willemsadventure.nl

Wer im Buchhandel kein Glück hat, bekommt unsere Bücher auch über unseren Büchershop im Internet:
www.reise-know-how.de

Herausgeber: Klaus Werner
Lektorat und Layout: amundo media GmbH
Karten: Ingenieurbüro B. Spachmüller, amundo media GmbH
Druck und Bindung: Media-Print, Paderborn
Fotos: Rainer Krack (rk, der Autor)
Anzeigenvertrieb: KV Kommunalverlag GmbH & Co. KG, Alte Landstraße 23, 85521 Ottobrunn, Tel. 089 928096-0, info@kommunal-verlag.de

Alle Informationen in diesem Buch sind vom Autor mit größter Sorgfalt gesammelt und vom Lektorat des Verlages gewissenhaft bearbeitet und überprüft worden.
Da inhaltliche und sachliche Fehler nicht ausgeschlossen werden können, erklärt der Verlag, dass alle Angaben im Sinne der Produkthaftung ohne Garantie erfolgen und dass Verlag wie Autor keinerlei Verantwortung und Haftung für inhaltliche und sachliche Fehler übernehmen.
Die Nennung von Firmen und ihren Produkten und ihre Reihenfolge sind als Beispiel ohne Wertung gegenüber anderen anzusehen. Qualitäts- und Quantitätsangaben sind rein subjektive Einschätzungen des Autors und dienen keinesfalls der Bewerbung von Firmen oder Produkten.

Wir freuen uns über Kritik, Kommentare und Verbesserungsvorschläge:
info@reise-know-how.de

Latest News

Unter **www.reise-know-how.de** werden aktuelle Ergänzungen und Änderungen der Autoren und Leser zum vorliegenden Buch bereitgestellt. Sie sind auf der Produktseite dieses CityTrip-Titels abrufbar.

Auf ins Vergnügen

001mb Abb.: rk

Mumbai in drei Tagen

Mumbai will erlaufen werden. Um das Leben und den Trubel in der Stadt voll auszukosten, gibt es nichts Besseres, als sich einfach zu Fuß hineinzustürzen. Im Folgenden bieten wir drei Spaziergänge, die sich in ihrem „Schwierigkeitsgrad" steigern, und bei denen man einen guten Eindruck vom „wahren" Mumbai bekommt – von ruhig und malerisch bis quirlig und chaotisch ist jede Facette dabei.

Tag 1: Mumbai für Anfänger – geruhsamer Einstieg am Marine Drive

Mumbai, dieses nimmer rastende Menschenmeer, kann ein überwältigendes Erlebnis sein, und am Anfang geht man es am besten ganz gemächlich an. Der erste Weg sollte zum **Gateway of India** 8 und dem **Taj Mahal Palace Hotel** führen. Diese ikonischen Bauten sind praktisch die Sinnbilder der Stadt und auf dem weiten Vorplatz vor dem Gateway kann man gut flanieren und sich unter das Volk mischen. Viele der Besucher sind indische Touristen, die vielleicht genauso begeistert sind wie die *angrez*, die „Weißen" (wörtl. „Engländer").

Vom Gateway könnte man nun in westliche Richtung an die andere Seite der hier sehr schmalen Stadt wandern. Der Weg führt über den Shivaji Marg und die Madame Cama Rd. und vorbei an einer Statue des Mitverfassers der indischen Verfassung und Kämpfers für die Rechte der Kastenlosen, Dr. B.R. Ambedkar. Nach ca. 20 Min. sieht man rechts das moderne Gebäude von **Mantralaya** („Haus der Minister") oder **Maharashtra Legislative Assembly,** den Sitz der Regierung des Bundesstaates Maharashtra. Davor befindet sich ein kleiner Park mit einer Statue des „Vaters der Nation", Mahatma Gandhi. Fünf Minuten später – immer noch entlang der Madame Cama Rd. – erreicht man das **Trident Oberoi Hotel** (s. S. 120) am **Marine Drive** 11 und damit das Ufer der **Back Bay,** die sich von Cuffe Parade im Süden bis zum Chowpatty Beach erstreckt. Vor dem Trident Oberoi warten nachmittags und abends Kutscher mit Tongas (Pferdekutschen, s. S. 113) auf Passagiere, und so könnte man die folgende Strecke auch bequem von der Kutsche aus absolvieren.

Vom Marine Drive überblickt man die weite, sanft geschwungene Bucht, bei der man deutlich weiter im Norden den Chowpatty Beach 11 ausmachen kann, der später noch angesteuert wird. Die Breite des Marine Drive macht ihn perfekt für einen geruhsamen Spaziergang. Man kann es aber auch wie viele Einheimische halten, die **auf der Ufermauer entlanglaufen.** Die Mauer ist breit genug für zwei schlanke Personen nebeneinander und man fängt dort noch mehr von der frischen Brise ein, die vom Meer her weht, als wenn man unten

Vorseite: Spaß am Strand – am Chowpatty Beach 11 gibt es neben Essenständen auch ein paar Karussells

Entspanntes Flanieren in Mumbai: Nichts bietet sich dazu besser an als der Marine Drive 11

auf dem Pflasterstein geht. Die **merkwürdigen vierfüßigen Betongebilde**, die zu Tausenden zwischen der Ufermauer und dem Meer aufgeschüttet sind, sind Barrieren, die Überflutungen verhindern sollen. In der Regenzeit peitscht der Wind das Wasser oft im hohen Bogen auf den Gehweg.

In Richtung Norden spazierend passiert man zahlreiche massive Wohnhäuser, die einige der wohlhabendsten Menschen Mumbais beherbergen. Wer hier eine Wohnung besitzt, ist vielfacher (Dollar-)Millionär. Zahlreiche Bollywoodfilme zeigen den strahlenden Helden, der triumphierend – und eventuell aus vollem Herzen singend – über den Marine Drive fährt und alle Daheimgebliebenen auf dem Lande vor Neid erblassen lässt.

Der sanften Biegung des Marine Drive folgend gelangt man bald zum **„Flyover"**, der Straßenüberführung, die von der Princess Street in eleganter Kurve im Marine Drive einmündet. Dem Ufer folgend sieht man links auf der anderen Seite der Bucht einen mit zahlreichen Hochhäusern bebauten Landzipfel. Das ist der teure Stadtteil Walkeshwar. Dort befindet sich der heilige **Banganga Tank** 15, ein von zahlreichen kleinen Tempeln

Routenverlauf im Stadtplan
Die hier beschriebenen Spaziergänge sind mit farbigen Linien im Stadtplan eingezeichnet.

umgebenes Wasserstaubecken. Weiter rechts fällt ein Gebäude ins Auge, das ganz offensichtlich ein Relikt aus den 1950er-Jahren ist: Das **Taraporewala Aquarium** wurde 1951 errichtet und genauso sieht es noch immer aus. Wer Zeit hat, sollte einen kurzen Blick hineinwerfen (minimaler Eintritt). Beeindruckender als die ausgestellten Fischgattungen ist vielleicht das unbeabsichtigte Retroambiente – sprich das triste Interieur –, das schlichtweg auf behördlichem Desinteresse beruht. So antiquiert wie hier sieht es in vielen Institutionen aus, die von behördlicher Seite geleitet werden.

Weiter in Richtung Norden findet sich links an der Meerseite das Wassersportunternehmen **H2O** (s. S. 76). Der Zugang ist schmal, man muss auf das Schild am Eingang achten. Hier lässt sich jegliche Art von motorisiertem Wassersport betreiben. Wer genug Abenteuerlust mitgebracht hat, kann sich fürs Parasailing

002mb Abb.: rk

anmelden und einen wohl einmaligen Ausblick auf Mumbai erhaschen. Mit dem Wasser kommt man dabei nicht in Berührung: Man startet vom Boot und wird am Ende aufs Boot zurückgekurbelt. Der Blick von oben, am besten in der Abenddämmerung, ist unvergesslich. Wer lieber anderen beim Parasailing zusieht, kann auf einem kleinen Stück Strand Platz nehmen oder nebenan im gemütlichen, von Vegetation umgebenen **Café By the Beach** (s. S. 46) einen Snack zu sich nehmen.

Auf der Höhe von H2O erhebt sich auf der Landseite des Marine Drive ein bombastisches, kuppelbedecktes Gebäude, das man für einen alten Mogul-Palast halten könnte. Weit gefehlt: Dies ist das private **Saifee Hospital,** das sich mit seinen Zwiebeltürmen und Kuppeln auf dem Dach nur als Mogul-Palast verkleidet hat. Abends ist das Gebäude hell beleuchtet und der Effekt ist spektakulär.

Wer das Café By the Beach außer Acht gelassen hat, könnte nun auch etwas weiter nördlich von hier einen Imbiss nehmen, denn dort findet sich Mumbais Snackparadies **Chowpatty Beach** 11. Es locken zahlreiche Stände mit typischen Snacks wie *Panipuri* oder *Bhelpuri,* Mischungen aus einer Vielzahl von Zutaten – süß, sauer und herzhaft –, die zusammen eine köstliche kleine Mahlzeit ergeben. *Panipuri* sind z. B. kleine, frittierte Teigkrapfen, die mit mehreren Soßen und anderen Zutaten zusammen gegessen werden.

Der weite Chowpatty Beach bietet ansonsten gute Möglichkeiten zum Ausruhen, eventuell auf einer der Bastmatten, die für ein paar Rupien ausgeliehen werden können. Von hier hat man auch einen guten Ausblick quer über die Bucht auf die **Bürohochhäuser von Nariman Point,** darunter auch das Air India Building und das Trident Oberoi Hotel, an dem der Spaziergang entlang des Marine Drive begann (ca. 3 km). Hier könnte man die Tour nun geruhsam beenden und in einem der ausgezeichneten Restaurants nahe dem Strand wie dem Cream Centre (s. S. 38), dem Crystal Restaurant (s. S. 39) oder dem Thacker's (s. S. 43) essen. Wer Lust auf ein Bier oder Kaffee bzw. Tee hat, ist im Café Ideal (s. S. 38) gut aufgehoben.

018mb Abb.: rk

Wenn man nun nicht zu müde und es noch nicht dunkel ist, könnte man noch ein **kleines Abenteuer** anschließen. In ca. 5 Min. Fußweg erreicht man vom Marine Drive in die Babulnath Rd. abbiegend den **Babulnath Temple** ⓬, neben dessen Eingangstor links ein kleiner Weg von der Hauptstraße abzweigt. Am Beginn des Weges befindet sich links ein einfaches, nur auf Hindi ausgeschildertes Restaurant (Vijay Sagar). Geht man den Weg weiter, so windet sich der Pfad einen dichtbewachsenen Hügel empor und man findet sich unversehens in einem **Waldstück** wieder. Der Weg ist nicht immer gut auszumachen, manchmal ist er wegen Ausbesserungsarbeiten aufgebuddelt. Wenn man sich aber stets weiter nach oben bewegt, kann man sich praktisch nicht verlaufen. Gefährliche Tiere oder Menschen sind nicht zu erwarten. Am Ende des Aufstiegs erreicht man die **Hanging Gardens** ⓮ (Gehzeit vom Babulnath Temple ca. 10 Min., umgekehrt geht es bergab: ca. 6–7 Min.). In dem Park (Schließzeit 21 Uhr) kann man nun ausruhen. Mit einem der Taxis, die stets vor dem Eingang parken, oder – falls man einen der BEST-Busse ausprobieren möchte und in Colaba wohnt – mit Bus Nr. 103, der hier seinen Ausgangs- und Endpunkt hat, geht es zurück zum Hotel (wegen der verschlungenen Busstrecke allerdings mit erheblichen Umwegen).

Sehenswertes an dieser Route

★1 [F10] **Mantralaya,** Vidhan Sabha Marg, Mumbai 400032

★3 [E5] **Taraporewala Aquarium,** Marine Drive, Mumbai 400020, Tel. 22812963, geöffnet: Mo–Fr 11–20 Uhr, So 10–20 Uhr, Eintritt: ein paar Cent, Fotografieren verboten

Tag 2: Spaziergang in die Vergangenheit – das koloniale Herz von Mumbai

Der zweite Tag könnte einem unkomplizierten, aber interessanten Spaziergang gewidmet sein, der ein wenig die koloniale Geschichte der Stadt beleuchtet. Die eklektische architektonische Stilmischung, die man dabei präsentiert bekommt, ist einzigartig in Indien. Von gotisch bis klassisch-römisch und indo-sarazenisch ist jede exotische Stilrichtung vorhanden, oft kombiniert in einem einzigen Gebäude. Die kolonialen Baumeister scheuten keine Mühe, um durch **extravagante Baukunst** die Macht des britischen Empire zu demonstrieren.

Man beginnt den Spaziergang vor dem **Chhatrapati Shivaji Vastu Sangrahalaya** (s. S. 51), Mumbais größtem Museum, das sich an der M.G. Road (Mahatma Gandhi Rd.) befindet. Schräg gegenüber fällt auf der anderen Straßenseite das **Elphinstone College** ins Auge. Das ebenso massive wie filigran verzierte Gebäude wurde vom Architekten Khan Bahadur Mancherji Marzban im „romanesken Übergangsstil" entworfen und 1871 eingeweiht. Neben kleineren Ecktürmen, denen an den Ecken wiederum Minitürme aufgesetzt sind, hat es einen zentralen größeren Turm, dessen Stil als gotisch bezeichnet wird. Über dem mittleren Torbogen prangt das Relief des Parsen Sir Cowasji Jehangir Readymoney, ein Unternehmer und Philanthrop, der den Bau finanziell unterstützte (Parsen, s. S. 66).

Für ₹ 20 kann man am Chowpatty Beach ⓫ so lange auf einer gemieteten Matte sitzen, wie man will

003mb Abb.: rk

Das sich nördlich anschließende Gebäude ist die 1847 erbaute **David Sassoon Library**, eines der vielen Bauwerke, die Angehörige der jüdischen Familie Sassoon der Stadt gestiftet haben. Die Sassoons, sephardische Juden, stammten aus Bagdad und kamen 1932 nach Bombay, um hier ihr Glück zu suchen. Sie fanden es. Diverse Handelsunternehmungen, darunter auch der Opiumhandel, brachten ihnen ein Vermögen ein. Über dem Eingang des Gebäudes ist eine Büste des Stifters David Sassoon angebracht, und ein paar Schritte in den Eingang hinein sieht man eine Marmorstatue, die ihn in beinah messianischer Pose zeigt. Die Bibliothek weist einen großen Leseraum auf, die Benutzung ist aber nur Mitgliedern gestattet.

Weiter nördlich steht das im ersten Jahrzehnt des 20. Jahrhunderts erbaute schmucke **Army & Navy Building**, in dem sich damals eines der ersten Kaufhäuser der Stadt befand. Noch weiter nördlich erwartet den Besucher vielleicht eines der besten – bzw. schlechtesten – Beispiele, wie gleichgültig in Indien oft mit historischem Erbe umgegangen wird. Das **Esplanade Mansion** war als **Watson's Esplanade Hotel** einst das erste Luxushotel der Stadt. Die angrenzende Straße, heute M.G. Road, hieß früher Esplanade. Die Nobelherberge wurde 1867 bis 1869 vom Textilkaufmann John Watson errichtet, der alle Bauteile aus England importieren ließ. Interessanterweise war das Hotel praktisch Indiens erstes „Fertighaus", denn der Kern des Gebäudes war eine Art „Käfig", ein Gerüst

Filigraner Klotz: Das Elphinstone College ist eines der markantesten Gebäude im alten Kolonialviertel

aus Eisenstreben, um das herum das Hotel aufgebaut wurde. Weitere Geschichte machte das Hotel 1896, als die Gebrüder Lumière hier zum ersten Male in Indien Filme vorführten. Es waren sechs kurze Stummfilme, die die damalige Crème-de-la-Crème der Gesellschaft zu sehen bekam – Eintritt ₹ 1, damals eine stattliche Summe. Die Folgen des Ereignisses waren nachhaltig (s. S. 86). Heute ist das Gebäude in beklagenswertem Zustand und es gehört viel Fantasie dazu, sich den Luxus von damals auszumalen. Renovierungspläne werden dadurch erschwert, dass die zahlreichen Büros, die im Gebäude untergebracht sind, unterschiedlichen Besitzern gehören. Betritt man das Esplanade Mansion von seinem Eingang an der Nordseite und geht geradeaus, gelangt man zu dem Bereich, in dem sich einst das prunkvolle Atrium des Hotels befunden hatte. Man kann sich der Angst nicht erwehren, dass jeden Moment Teile des Gebäudes einstürzen könnten. In der Tat sind schon einmal Teile von Balkons herausgebrochen und zwei Menschen starben. 2012 waren im Atrium „Renovierungsarbeiten“ im Gange, es sah dort jedoch eher aus wie auf einer Müllkippe.

Der Bereich östlich des Esplanade Mansion wird **Kala Ghoda** (oder Ghora), „Schwarzes Pferd“, genannt, nach einer schwarzen Reiterstatue von König Edward VII., die einst hier stand. Die Statue, wieder eine Spende der Sassoon-Familie, galt nach Erlangung der Unabhängigkeit als unzeitgemäß und wurde 1965 in den Park Jijamata Udyan 21 verbannt. Dort steht sie noch heute.

Biegt man am Esplanade Mansion in die A. D'Mello Road ein und dann rechts in die Kamaveer Bhaurao Patil Marg, passiert man die **Bombay University** mit ihrem weithin sichtbaren **Rajabai Tower** (erb. 1869–1874). Leider lassen die Wachleute heute keine Besucher mehr auf das Gelände, aber auch von außen bekommt man einen recht guten Eindruck. Mit seinen romantischen, von Säulen flankierten Wandelgängen und geschwungenen Torbögen könnte man sich das Gebäude auch in Oxford oder Cambridge vorstellen. Nur die an Ecken und Türmen angebrachten, Turban tragenden Wächterfiguren haben eindeutig Lokalkolorit.

Gleich weiter nördlich schließt sich der bombastische, wuchtige **High Court** an, errichtet 1871 bis 1878. Den besten Eindruck von dem 171 m langen Monstrum bekommt man von der Westseite der Grünfläche **Oval Maidan**. Der High Court ist das zweitgrößte öffentliche Gebäude in Mumbai, übertroffen wird er nur vom Chhatrapati Shivaji Terminus 9. Der Entwurf des Gerichtsgebäudes vom Architekten J.A. Fuller soll auf einer Skizze basieren, die er während eines Deutschland-Aufenthaltes von einer Burg am Rhein gemacht hatte. Tatsächlich hat der Bau etwas Wehrhaftes an sich, auch wenn hier nur das indische Gesetz verteidigt wird – nicht immer ganz erfolgreich, wie Kritiker mit Verweis auf die indische Korruption behaupten würden.

Vom High Court aus lohnt es sich, entlang der Nordseite des Oval Maidan einen Schlenker in westliche Richtung zu machen. Dabei kommt man an den **Statuen** von **Sir J.J. Jeejeebhoy** (1783–1859), einem Parsi-Kaufmann und Philanthropen, der als erster Inder in England geadelt wurde, und des Sozialreformers **M.G. Ranade** (1842–1901) vorbei. Auf der anderen Straßenseite sieht man nun das palastartige Gebäude der **Western Railway Offices** (erb. 1894–1899). Im Grundsatz ist der Stil gotisch, die zwiebelförmigen Kuppeln geben ihm aber auch einen orientalischen Touch. Abends ist der Bau beleuchtet und stellt dann ein besonders gutes Fotomotiv dar. Schräg gegenüber befindet sich das 1938 erbaute **Eros Cinema**, das mit seinem kühlen Art-déco-Stil seinerzeit an vorderster modischer Front gestanden haben muss.

Geht man auf der anderen Seite der Veer Nariman Rd. nun wieder Richtung Osten, sieht man zunächst die **Statue von G.P. Gokhale** (1866–1915), einem der frühen Verfechter von Indiens Unabhängigkeit und ein Mentor Mahatma Gandhis. Etwas weiter östlich gelangt man zum **Bhika Behram Well**, einer von mehreren heiligen Parsen-Brunnen in Mumbai. Angelegt wurde er 1725 von einem Parsen, der sich damit für die Errettung vor einem drohenden Unheil bedanken wollte. Einige orthodoxe Parsen-Familien lassen sich angeblich ihr gesamtes Trinkwasser aus dem Brunnen holen. Leider haben nur Parsen Zutritt.

Weiter östlich passiert man das **Central Telegraph Office** aus dem Jahre 1874. Nicht zu übersehen ist nun **Flora Fountain** (s. S. 65), ein Brunnen mit einem kleinen Platz drum herum, der in Andenken an die Aufständischen, die 1955 bei Protesten gegen die Spaltung der „Bombay Presidency" in die heutigen Bundesstaaten Maharashtra und Gujarat ihr Leben ließen, offiziell **Hutatma Chowk**, „Platz der Märtyrer", genannt wird, im Volksmund aber unter dem Namen des Brunnens bekannt ist. Nur ein paar Meter nördlich sieht man die Statue „Martyr with a Flame", die vom Stil her auch einen marxistischen Kämpfer für die Internationale darstellen könnte. Noch etwas weiter nördlich, an der Kreuzung D.N. Rd./M.G. Rd., beäugt eine **Statue von Dadabhai Naoroji** (1825–1917), dem ersten indischen Parlamentsabgeordneten in England, das hektische Verkehrsgeschehen. Die Statue wurde zu seinem 100. Geburtstag errichtet. Dahinter verkaufen Händler stapelweise **Secondhandbücher** (s. S. 30). Manchmal sind seltene Exemplare darunter.

In östlicher Richtung, über die Veer Nariman Rd., sieht man die **St. Thomas' Cathedral** (s. S. 65), die innen mit Erinnerungstafeln und -monumenten alter Kolonialisten vollgestopft ist. Schräg gegenüber, auf der anderen Straßenseite, steht das pittoreske, venezianische **Elphinstone Building** (s. S. 65), dann folgen östlich der Kreisverkehr **Horniman Circle** (s. S. 65) und dahinter die ehemalige **Town Hall** (s. S. 65), das alte Rathaus. Hier befindet man sich mitten im Herzen des alten Bombay. Beim Areal um den Horniman Circle handelt es sich um den ersten von Grund auf geplanten Geschäftsbezirk von Bombay. Um den Kreisverkehr schmiegen sich die alten Geschäftshäuser. Man sollte auch einen Blick auf das **Mumbai Samachar Building** werfen. Der Sitz einer Zeitung ist knallrot gestrichen und wenn man Glück hat, hat der Besitzer der Zeitung, Mr. Hormusji N. Cama, einen seiner Oldtimer davor geparkt. Mr. Cama besitzt einige Dutzend liebevoll gepflegter alter Autos und er macht sich einen Spaß daraus, jeden Tag mit einem anderen vorzufahren. Vor dem knallroten Gebäude geben sie wunderbare Fotomotive ab.

Zurück in der D.N. Road führt der Weg nun weiter in Richtung Norden,

019mb Abb.: rk

quasi durch ein architektonisches Buffet von teils klobigen, teils eleganten Kolonialbauten. Hübsch und farbenfroh renoviert ist das Gebäude **Anand Bhavan** („Haus der Glückseligkeit") etwas nördlich der Dadabhai-Naoroji-Statue. Darin ist das Siddharth College of Law untergebracht. Ein paar Fußminuten weiter nördlich erreicht man an der D.N. Rd. den **Chhatrapati Shivaji Terminus** ⑨, einen Bahnhof, der weltweit seinesgleichen sucht. Den besten Eindruck erhält man von der gegenüberliegenden Straßenseite, von der Ecke Mahapalika Marg/ Hazarimal Somani Rd. Besonders beeindruckend ist der Anblick während der Abenddämmerung. Quasi als Bonus erhält man einen optimalen Ausblick auf die **Bombay Municipal Corporation**, die Stadtverwaltung. Das Gebäude stammt aus dem Jahre 1865 und mit seinem knapp 78 m hohen, zentralen Turm ist es eines der markantesten Bauwerke der Stadt. Davor, hoch erhoben, steht eine Statue von Sir Pherozeshah Mehta, einem Parsi-Kaufmann und Mitbegründer des Indian National Congress, der heutigen Congress-Partei.

Man bleibt nun auf dieser westlichen Straßenseite und geht weiter in Richtung Norden – wobei die Straße Mahapalika Marg etwas kniffig zu überqueren ist: Entweder man schlägt einen kleinen Haken und geht ein paar Meter nach Westen, um die Absperrgitter am Straßenrand zu umgehen, oder man macht es wie die meisten Einheimischen und flitzt allen Verkehrsregeln zum Trotz quer über die Kreuzung.

Mutet englisch an: die Bombay University mit dem Rajabai Tower

Weiter auf der D.N. Road geradeaus passiert man zunächst den Sitz der **Times of India** (gegr. 1838), Indiens meistgelesener englischsprachiger Tageszeitung. Noch weiter nördlich, etwa da, wo sich der „Flyover" aus der D.N. Road erhebt, befindet sich links die **J.J. School of Arts.** Diese Kunstschule wurde 1857 begründet und ist nach dem Parsi-Kaufmann J.J. Jeejeebhoy benannt, der den Bau mitfinanzierte. Geht man in den Campus hinein, so eröffnet sich ein parkähnliches, erholsames Gelände, das man hier gar nicht vermuten würde. Manchmal sieht man sogar Papageien. Biegt man am ersten Hauptpfad links (südlich) ab, gelangt man nach kaum 100 m zu einem zweistöckigen, grünlichen Holzhaus. Hier verbrachte der in Bombay geborene Schriftsteller **Rudyard Kipling** („Das Dschungelbuch") viele Jahre seines Lebens. Kiplings Vater, Lockwood Kipling, war Professor an der Kunstschule. Das Haus ist nicht in bestem Zustand, dient der Kunstschule aber noch als Gästehaus. Davor steht eine Büste des Schriftstellers. Das unmittelbar umliegende Gelände darf seit 2012 nicht mehr betreten werden. Ein Schild auf Marathi warnt: „Zutritt strengstens verboten. Zuwiderhandelnde werden mit der vollen Gesetzeshärte bestraft". Na gut. Von draußen am Zaun bekommt man auch einen guten Eindruck. Am Wochenende ist die Kunstschule geschlossen und man könnte den Wachmann um Einlass bitten.

Am Ende des Spaziergangs angekommen, befinden sich etwas weiter nördlich auf der anderen Straßenseite der **Crawford Market** ⑩ und ihm gegenüber **Badshah Cold Drink House** (s. S. 46), ein guter Ort, um sich mit Fruchtsaft wiederzubeleben.

020mb Abb.: rk

Sehenswertes an dieser Route

★4 [G11] **Elphinstone College,** 156, M.G. Rd., Fort, Mumbai 400032

★5 [G11] **David Sassoon Library,** 152, M.G. Rd., Mumbai 400023, www.davidsassoonlibrary.com

★6 [G10] **Army & Navy Building,** 148, M.G. Rd., Mumbai 400023

★7 [G10] **Esplanade Mansion (ehm. Watson's Esplanade Hotel),** 144, M.G. Rd., Mumbai 400023

★8 [G10] **Bombay University** mit Rajabai Tower, Karmaveer Bhaurao Patil Marg, Mumbai 400032 www.mu.ac.in

★9 [G10] **High Court,** Karmaveer Bhaurao Patil Marg, Mumbai 400032, www.bombayhighcourt.nic.in

★10 [G9] **Western Railway Offices,** Churchgate, Mumbai 400020

★11 [G9] **Eros Cinema,** Cambata Bldg., 42, Maharishi Karve Rd., Churchgate, Mumbai 400020, www.erostheatre.com

★12 [G9] **Bhika Behram Well,** Veer Nariman Rd./Ecke Karmaveer Bhaurao Patil Marg, Mumbai 400020

★13 [H9] **Mumbai Samachar Building,** Mumbai Samachar Marg, Fort, Mumbai 400001

★14 [H9] **Anand Bhavan,** D.N. Rd., Mumbai 400023

★15 [H7] **Bombay Municipal Corporation,** Mahapalika Marg/Ecke D.N. Rd., Mumbai 400001

★16 [H7] **Times of India Building,** D.N. Rd., Mumbai 400001, www.timesofindia.indiatimes.com

★17 [H6] **J.J. School of Arts,** D.N. Rd., Mumbai 400001, www.jjiaa.org

Rudyard Kiplings altes Haus ist leider leicht verwittert

Tag 3: Mumbai, wie es leibt, lebt und betet – Tempelbezirk und Marktgewühl

Am dritten Tag stürzen wir uns kopfüber ins Gewühl. Nirgends ist Mumbai authentischer und lebendiger als in seinen Markt- und Geschäftszonen. Religiös wie indische Geschäftsleute nun mal sind, haben sie ihre Arbeitsbereiche auch mit zahllosen Heiligtümern, Tempeln, Schreinen und Moscheen angefüllt. Kommerz und Glaube gehen Hand in Hand und verschwören sich zu einer betörenden Mischung.

Der folgende Rundgang ist länger als die vorangegangenen, man sollte sich ca. 4 bis 5 Std. Zeit nehmen. Man beginnt den Tag am **Mumbadevi Temple** 16, der der Göttin geweiht ist, der Mumbai seinen Namen verdankt. Dabei lasse man die „Priester" außer Acht, die draußen vor dem Tempel Besuchern „heilige" rote Schnüre *(kalāvā* oder *mauli)* um das Handgelenk binden wollen. Dies ist Geschäftemacherei und Ausländer sind als potenzielle Opfer besonders begehrt. Nach dem Besuch des Tempels geht es weiter durch die Sheikh Menon St., die bis zum Rand mit Verkaufsständen und kleinen Restaurants belegt ist. Ein stadtbekannter Gourmettipp

EXTRAINFO

Achtung

Ein Tipp für Spaziergänge durch die Tempel- und Marktviertel: **Gehen Sie langsam und umsichtig** und flitzen nie fix über die Straße oder Gasse, weil sich gerade eine Verkehrslücke zu präsentieren scheint. Man weiß nie, was in der nächsten Sekunde aus irgendeiner Richtung angelaufen oder -gefahren kommt!

ist das preiswerte, schlicht wirkende **Bhagat Tarachand** (Mumbadevi Commercial Centre, s.S. 37) gleich an der Ecke neben dem Haupteingang des Tempels in der Sheikh Menon St. (es gibt noch mehrere Restaurants mit dem gleichen Namen in der Straße). Ein paar Meter weiter nordwestlich befindet sich auf derselben Straßenseite die **Shyam Dairy Farm** (6–23 Uhr), ein typischer, traditioneller Milchladen, so wie man ihn in Mumbai aber immer weniger antrifft. Vorne sitzt der schwitzende *dūdh-wālā,* der Milchmann, der den ganzen Tag über Milch in einer *karāhī,* einer Art großen Wok erhitzt. Dabei verdampft Wasser und die Milch wird dick und cremig und durch den konzentrierten Milchzucker auch ein wenig süß. Die Milch wird an Ort und Stelle getrunken, mit oder ohne zusätzlichen Zucker. Dickt man die Milch so weit ein, dass alles Wasser verdampft ist, erhält man eine Paste namens *māvā,* die die Grundlage vieler indischer Süßspeisen bildet.

Qualität kostet: Die grauen Kuhfladen im Vordergrund sind teurer als die braunen dahinter

Weiter in nordwestliche Richtung, vorbei an dem einen oder anderen Götterschrein, überquert man nun die verkehrsreiche Kalbadevi Rd. Geradeaus gelangt man in die Bhuleshwar Rd., ein sinnenüberlastendes Gewusel aus eiligen und aufgeregten Menschen, der einen oder anderen überirdisch ruhigen heiligen Kuh, zahllosen Fahrrädern, Autos und Handkarren. Weiter geradeaus macht die Bhuleshwar Rd. eine leichte Biegung nach links und dort an der rechten Straßenseite zweigt die kleine **Phul (Phool) Gali** ab, die „Blumengasse". Ihren Namen verdankt sie den Blumenhändlern, die dort Blumen und Blumengirlanden verkaufen. Die Blumen werden in den Tempeln des Viertels als Opfergaben abgelegt. Eine günstige Gelegenheit für Blumenopfer bietet sich gleich gegenüber im **Bhuleshwar Temple** (s.S. 70), dem wichtigsten Heiligtum des Viertels. Um den Haupttempel herum scharen sich einige weitere kleinere Tempel und Schreine, von der Straße aus sieht man allerdings nicht viel davon. Es gibt mindestens zwei Zugänge, man kann sie aber leicht übersehen. Etwas rechts (von der Straße aus gesehen) des Bhuleshwar-Komplexes befindet sich ein **Krishna Temple**, und zwar im zweiten Stock eines Geschäftsgebäudes. Im Stockwerk darunter wird schnöder Handel getrieben. Gegenüber dem Krishna-Tempel befindet sich ein unscheinbarer **Balaji Temple**, geweiht dem Gott Balaji oder Venkateshwara, der vor allem in Südindien viele Anhänger hat. Ein paar Schritte weiter nordwestlich steht dann auf derselben Straßenseite ein **Lakshminarayan Temple.** Dieser ist dem Gott Vishnu (Narayan) gewidmet.

Von hier aus sieht man in westlicher Richtung an einer Straßenecke den auffällig frisch und gut erhalten wirkenden **Ram Temple.** Dieser ist dem Gott Ram oder Rama geweiht, dem Helden des Hindu-Epos Ramayana. Auf seinem Dach hat der Tempel einige Türme und es befindet sich eine (sogar funktionierende) Uhr an der Vorderseite über dem Eingang.

Weiter geht es nun die Bhuleshwar Rd. entlang in westliche Richtung, d. h. rechts am Rama-Tempel vorbei. An der rechten Straßenseite sieht man ein oder zwei Straßenstände, die ein sehr begehrtes Naturprodukt verkaufen: **Kuhfladen.** Die Kuhfladen werden als Opfergaben in Tempeln verbrannt, eignen sich aber auch gut als Brennmaterial für den heimischen Herd. Das soll den Geschmack des Essens verbessern. Die Kuhfladen werden in zwei verschiedenen „Qualitätsstufen" angeboten: Die feineren grauen sind teurer als die gröberen braunen.

KLEINE PAUSE

Einmal „cutting" bitte!

Für eine Pause bietet sich nun einer der typischen winzigen Teeläden der Gegend an, so z. B. das **New Mumbai Tea House** an der Ecke Kika St./Kalbadevi Rd. Ein Glas Tee mit Milch und viel Zucker (auf Wunsch ohne) kostet hier ca. 0,16 €.

Wer es wie die Einheimischen machen will, kann ein *cutting* ordern, das ist die typische Bezeichnung für ein halbes Glas. Viele Gäste trinken nur ein *cutting*, dafür aber viele Male am Tag. Will man sich etwas besonders Gutes gönnen, so bestellt man einen *special tea* mit beigemengten Gewürzen.

Bei Hunger schafft die neuere, klimatisierte Filiale von **Bhagat Tarachand** (47/55 Mumbadevi Rd., s. S. 37) Abhilfe, die wenige Meter weiter östlich gelegen ist.

18 [H3] **New Mumbai Tea House,** Ecke Kika St./Kalbadevi Rd. (Ausschilderung nur auf Hindi), Mo–Sa 4–23 Uhr

006mb Abb.: rk

022mb Abb.: rk

Schräg gegenüber, auf der linken Straßenseite, gelangt man nun zum **Samudri Mata ka Mandir**, dem „Tempel der Mutter des Meeres". Das entsprechende Schild an der Straße ist nur auf Hindi. Geht man durch das Tor hindurch, liegt zur linken Hand das Tempelgebäude. Der Tempel ist der Figur einer Göttin geweiht, die auf mysteriöse Weise im Meer gefunden worden sein soll, daher der Name. Der Hauptpriester, Mr. Dhruvkumar Dwarkanath („D.D.") Chaturvedi, in dessen Familienbesitz sich die Figur seit Generationen befindet, hat so manche Geschichte darüber zu erzählen. Er spricht sehr gutes Englisch und freut sich über Besucher.

Direkt nebenan rechts, im zweiten Stock eines Gebäudes, befindet sich der **Chandraprabhu Temple**, ein Jain-Tempel, der dem Mondgott geweiht ist. Schräg gegenüber auf der anderen Straßenseite geht es dagegen sehr weltlich zu: Hausfrauen drängen in den Laden **M. Motilal Masalawala** (s. S. 33), der seit über hundert Jahren wegen seiner frischen Gewürze geschätzt ist. Außerdem gibt es *Pickles* (sauer eingelegtes Gemüse oder eingelegte, unreife Mangos), die viele indische Mahlzeiten begleiten. Rechts um die Ecke befindet sich nun **Panjrapole Tol** (s. S. 70), eine schmale Basargasse, angefüllt mit zahlreichen Textilgeschäften und dazu Läden, die religiöses Zubehör veräußern. Saris (aus Kunstfaser) gibt es schon ab ca. ₹ 105 (1,50 €). Baumwoll- oder gar Seiden-Saris sind teurer, im letzten Fall können sie mehrere Tausend Rupien kosten. Am interessantesten ist aber wohl die **Panjrapole Gaushala** (s. S. 70), die „Kuh-Herberge" von Panjrapole (7–18 Uhr). Hier werden Tausende von Kühen gehalten und Gläubige können sie füttern, was spirituellen Verdienst bringen soll. An einer Kasse links am Eingang zahlt man eine kleine Summe

– so viel oder wenig wie man will – und mit der Quittung kann man sich dann Gras zum Füttern geben lassen bzw. *laddū,* eine kugelförmige Mischung aus Getreide und Rohrzucker. Es ist wohl leicht zu erraten, womit man eine wohlgenährte heilige Kuh am ehesten begeistern kann. Andererseits bekommt man für ₹20 (ca. 0,30 €) so viel Gras, dass man es kaum tragen kann und der Spaß dauert länger.

Am Nordende der Basargasse erreicht man **Madhavbagh**, eine Art Hof oder Platz. Hier gibt es noch ein paar Tempel zu sehen, so z. B. einen **Ganesh Temple**, der dem Elefantengott Ganesh geweiht ist, und einen weiteren **Lakshminarayan Temple.** Hinter Letzterem befindet sich eine weitere, aber kleinere „Kuh-Herberge".

Über die Panjrapole Rd. geht es nun Richtung Osten, wo man bald einer kleinen Rarität begegnet: einem Sonnentempel. Der **Suryanarayan Temple** ist dem Sonnengott Surya gewidmet, dem in Indien heute nur selten ein Tempel gewidmet wird. Das Kernstück ist die aus einem einzigen Stein gehauene, detaillierte Figur des Sonnengottes, der auf einer siebenspännigen Kutsche einherreitet.

Über die Kika St. geht es nun in südliche Richtung, wo man bald auf den gelblich-roten, bunt verzierten **Swaminarayan Temple** stößt. Der Kult um Swaminarayan, eine Form des Gottes Vishnu, hat besonders unter Gujaratis (Menschen aus dem Bundesstaat Gujarat) viele Anhänger. Wandert man nun über die Kalbadevi Rd. weiter in Richtung Osten, verlässt man allmählich Hindu-Territorium. Hier beginnt der von Moslems dominierte Stadtteil Pydhonie. Zuerst passiert man noch einige Jain-Tempel, teilweise mit sehr schönen, filigranen Marmorarbeiten an Wänden und Säulen wie am **Shri Godi Parshvanath Temple** und am **Shantinath Bhagwan Temple.** Die alles überragende, giftgrüne **Hamidiya Mosque** setzt aber ein klares Zeichen. Auf dem weiteren Weg entlang der Ibrahim Rahimtoola Rd./Marg [H3] begegnet man einigen typisch moslemischen Handwerkskünsten und Produkten: *zārī* (Brokatstickereien), *attar* (Parfümen) oder *hookah (*Wasserpfeifen). Das Geschäft **Akbarali** (s. S. 32) verkauft Wasserpfeifen schon ab ein paar Hundert Rupien, dazu traditionelle Messinggefäße aus Nordindien, Lederwaren u. v. m.

Weiter geht es nun in Richtung Norden auf die Kreuzung mit der Sardar Vallabhai Patel Rd./Marg (S.R.V. Rd. [H2]) zu. Biegt man dort links ein und geht auf der nördlichen Straßenseite, gelangt man rechts in die Saifee Jubilee St. [G2]. Hier befindet man sich schon im **Thieves' Market** oder **Chor Bazar** (s. S. 33), dem **„Diebesmarkt"** oder Trödelmarkt. Hier gibt es praktisch alles zu kaufen, was nicht festgenagelt ist, von Autoersatzteilen zu Kronleuchtern, von Schraubenziehern zu Marmorstatuen und alten (auf alt getrimmten) Münzen, von wertvollen Antiquitäten bis zu billigen Antiquitäten-Imitationen. Besonders interessant ist vielleicht die **Mutton St.** Hier lassen sich marmorne Jugendstilfiguren erstehen, dazu chinesische Figuren und Vasen (**Object of Desire,** s. S. 29), alte, seltene Bollywoodposter, die von 5 bis 500 € kosten können (**Poster Stuff,** s. S. 30), alte Kameras und Miniaturkameras (**Camera House,** s. S. 29), alte Gram-

◁ *Stolzes Viehzeug: Rinder der Gyr-Spezies in Madhavbagh*

007mb Abb.: rk

mofone bzw. auf alt getrimmte *neue* Grammophone (ca. 20 €), Kunst- und Kitschgegenstände (**Mini Art Centre,** s. S. 29) u. v. m. **Oriental Arts & Crafts** (s. S. 29) bietet eine großartige Sammlung geschnitzter oder gemeißelter Götterstatuen. Das Umfeld ist chaotisch, kopflos und alles andere als keimfrei, aber ein Erlebnis ist der Markt sicher. Freitags finden sich besonders viele Straßenhändler ein, dafür bleiben einige Geschäfte geschlossen.

Weiter westlich an der S.V.P. Rd. sieht man nun den **Gol Mandir** (auch: Gol Deval), den hinduistischen „Rundtempel“, der sich auf einer Verkehrsinsel in der Straße breit gemacht hat. Noch ein paar Gehminuten weiter westlich erreicht man eine große Kreuzung, an der man rechts in die Patthe Bapurao Marg einbiegt. Nicht viele Leute kennen die Straße unter diesem Namen: Früher hieß sie Falkland Rd. und wegen der hier ansässigen Rotlichtszene nennt der Volksmund sie bis heute „Fuckland Road“. Zu jeder Tages- und Nachtzeit stehen Prostituierte vor ihren rumpligen Behausungen, die nicht einmal fließendes Wasser haben, und warten auf Freier. Die Straße ist völlig ungefährlich. Die lechzenden Gestalten, die hier herumlungern, sehen schlimmer aus als sie sind. Man kann sorglos durch die Straße gehen, so wie es Abertausende von Normalbürgern jeden Tag auch tun. Um das Nordende der Straße herum gruppieren sich einige sehenswerte kleine Kinos. Das **New Roshan Talkies** („Talkies“ ist

⌃ *Ein Zeichen für Allah: die Hamidiya Mosque im Stadtteil Pydhonie*

⌃ *Linsen und Kichererbsen – Hauptbestandteile der indischen Küche*

ein alter Name für „Kino") stammt aus dem Jahr 1930, das **Alfred Cinema** ist von 1932 und war bis vor einigen Jahrzehnten noch so topmodern, dass dort Premieren stattfanden. Die Eintrittspreise liegen bei ca. 0,30 € und folglich sind die Kinos der Hit bei Kleinverdienern.

Beenden könnte man den Rundgang nun im Restaurant **Jaffer Bhai's Delhi Darbar** (s. S. 41), bekannt für seine Mughlai-Küche. Die *Biriyanis* sind köstlich; dabei handelt es sich um würzigen Safranreis gemischt mit Gemüsen und/oder diversen Fleischsorten, und auch die Huhngerichte und Kebabs sind lobenswert. Zur Rückfahrt finden sich hier zu jeder Zeit Taxis.

Sehenswertes an dieser Route

★19 [G3] **Phul (Phool) Gali,** Bhuleshwar Rd., Bhuleshwar, Mumbai 400002

★20 [G4] **Krishna Temple,** Bhuleshwar Rd., Bhuleshwar, Mumbai 400002

★21 [G3] **Balaji Temple,** Bhuleshwar Rd., Bhuleshwar, Mumbai 400002

★22 [F3] **Lakshminarayan Temple (Bhuleshwar Rd.),** Bhuleshwar, Mumbai 400002

★23 [G3] **Ram Temple,** Bhuleshwar Rd., Bhuleshwar, Mumbai 400002

★24 [G3] **Samudri Mata ka Mandir,** Bhuleshwar Rd., Bhuleshwar, Mumbai 400002

★25 [G3] **Chandraprabhu Temple,** Bhuleshwar Rd., Bhuleshwar, Mumbai 400002

★26 [F3] **Ganesh Temple,** Madhavbagh, Tulsi Pipe Rd., Mumbai 400004

★27 [G3] **Lakshminarayan Temple (Madhavbagh),** Panjrapole Tol, Mumbai 400002

★28 [G3] **Suryanarayan Temple,** Panjrapole Rd., Mumbai 400002

★29 [G3] **Swaminarayan Temple,** Kika St./Ecke 3rd Bhojwadi Rd., Mumbai 400003, www.swaminarayanmumbai.org

★30 [H3] **Shri Godi Parshvanath Temple,** gegenüber Pydhonie Police Station, Pydhonie, Mumbai 400003

★31 [H3] **Shantinath Bhagwan Temple,** Ibrahim Ramatoola Rd., Pydhonie. Mumbai 400003

★32 [H3] **Hamidiya Mosque,** gegenüber Pydhonie Police Station, Pydhonie, Mumbai 400003

★33 [G2] **Gol Mandir (Gol Deval),** S.V.P. Rd., Mumbai 400004

K34 [F1] **New Roshan Talkies,** Patthe Bapurao Marg, Mumbai 400004

K35 [E1] **Alfred Cinema,** Patthe Baburao Marg/Ecke Grant Rd., Mumbai 400004

023mb Abb.: rk

Das gibt es nur in Mumbai: die flinken „Büchsenmänner"

Frage: Was ist das effizienteste Geschäftsunternehmen in Indien? Antwort: Wahrscheinlich sind es Mumbais „Dabba-Wallahs" oder „Büchsenmänner". Mit den „Büchsen" sind Lunch-Boxen gemeint, die guten alten Henkelmänner. Auf Hindi und Marathi heißen sie „dabba". Die Dabba-Wallahs bieten einen weltweit einmaligen Service: Jeden Tag sammeln sie Lunch-Boxen bei Hausfrauen ein, die diese mit selbstgekochtem Essen für ihre Ehemänner gefüllt haben. Die Henkelmänner werden dann quer durch Mumbai zu den Büros der Männer transportiert – über ein ausgeklügeltes Verteilernetz, in Vorortzügen ebenso wie auf Handkarren. Um eine Fehlleitung zu vermeiden sind die Boxen mit aufgepinselten Zeichen und Zahlen gekennzeichnet, so als wäre es ein Barcode. Die Effizienz der Büchsenmänner, die über nur wenig Schulbildung verfügen, teilweise sogar Analphabeten sind, soll so hoch sein, dass statistisch nur eine von acht Millionen Büchsen verloren geht. Jeden Tag werden 200.000 Lunch-Boxen versandt, die von ca. 5000 Dabba-Wallahs zu ihrem Ziel geleitet werden. Mit anderen Worten: Nur alle 40 Tage kommt eine der Büchsen abhanden – und gestreikt haben die Dabba-Wallahs auch noch nie.

Viele der wichtigsten Bahnhöfe in Mumbai sind Verteilstationen für die Dabbas. Gegen Mittag kann man z. B. an der Ostseite von Churchgate Station beobachten, wie die Dabba-Wallahs die aus verschiedenen Lokalitäten eintreffenden Henkelmänner sortieren und zu ihrem Endziel weiterbefördern.

Die Dabba-Wallahs sind eine eingeschworene Gemeinschaft, deren Mitglieder alle derselben Unterkaste angehören und aus der Gegend um Akola, Ambegaon und Junnar in Maharashtra stammen. Offiziell nennen sie sich die „Nutan Mumbai Tiffin Box Suppliers Association". In Indien liebt man lange Titel und Namen. Früher fühlten sich die Dabba-Wallahs ein wenig als Unterprivilegierte und ließen sich nicht gerne fotografieren. In der hinduistischen Kastenordnung stehen sie theoretisch ziemlich weit unten. Mittlerweile hat sogar Prinz Charles von England einigen von ihnen die Hand geschüttelt, ihr Service hat weithin die Anerkennung gefunden, die er verdient, und die Dabba-Wallahs sind heute stolz auf ihr Schaffen.

008mb Abb.: rk

Zur richtigen Zeit am richtigen Ort

Mumbai bietet viele sehenswerte Feste und Veranstaltungen. Die Zahl der Feiertage ist beachtlich, jeder der größeren Religionsgemeinschaften ist zumindest ein Feiertag gegönnt. Die Mehrheit der religiösen Feste sind vom Mondkalender anhängig und daher **beweglich.** Einige Feiertage sind sogenannte **„dry days"**, Tage an denen kein Alkohol ausgeschenkt werden darf. Am Vorabend findet ein Run auf die Schnapsläden statt mit Szenen, die an den Untergang der Titanic erinnern. Auch an Wahltagen sowie möglicherweise am Vortag und am Tag danach bleibt die Leber unbelastet. Die gesetzlichen Feiertage sind in der folgenden Liste mit „F" gekennzeichnet, die alkoholfreien Tage mit „D". Die Zahl der alkoholfreien Tage kann regional variieren.

- 1. Jan. – **Neujahr** (F)
- 26. Jan. – **Republic Day** (F, D). „Tag der Republik" mit patriotischen Umzügen und Veranstaltungen.
- 30. Januar – **Martyrs' Day** (D). Todestag Mahatma Gandhis, an dem aber auch anderer Personen gedacht wird, die für Indien ihr Leben eingebüßt haben.
- Januar: **Mumbai Marathon** – Marathonlauf mit Teilnehmern aus aller Welt (www.procamrunning.in).
- Jan./Feb. – **Mahashivaratri** (D). „Die große Nacht des Shiva" mit abendlichen und nächtlichen Gebetsversammlungen, vor allen in Shiva-Tempeln.
- Februar – **Chhatrapati Shivaji Jayanti** (F nur in MH; D). Der Geburtstag des maharashtrischen Volkshelden Shivaji. Maharashtrische Gruppierungen wie die Shiv Sena und Maharashtra Navnirman Sena (MNS) feiern Shivaji mit lokalpatriotischem Eifer.
- Februar – **Kala Ghoda Fair.** Kunstfestival mit Open-Air-Ausstellungen und -Aufführungen im Bereich Kala Ghoda am K. Dubash Marg.
- Februar – **Id-e-Milad** (F, D). Moslemischer Feiertag im Andenken an Mohammeds Todestag.
- März – **Gudi Padwa** (F). Das maharashtrische Neujahrsfest, das mit fröhlichem Schmaus einhergeht, aber ebenso mit Horoskoplesungen für das kommende Jahr. Gefeiert wird es nur von Maharashtriern.
- März – **Holi** (F). Bei dem überschwänglich gefeierten Frühlingsfest bewirft bzw. überschüttet man sich mit bunten Farbpulvern und -wassern und tanzt durch die Straßen. Laut Gesetz muss das fröhliche Werfen um 12 Uhr beendet sein.
- März/April – **Karfreitag** (F)
- März/April – **Mahavir Jayanti** (F, D). Der Geburtstag von Mahavir, dem sogenannten „Wegbereiter" *(thirthankara)* der Jain-Religion. In Jain-Tempeln wird Mahavir die Ehre erwiesen.
- 13. April – **Vesakhi.** Das Neujahrsfest der Sikhs, begangen in den Tempel der Sikhs, den Gurudwaras.
- 14. April – **Ambedkar Jayanti** (F, D). Geburtstag von Dr. Babasaheb Ambedkar, dem Kämpfer für die Rechte der Harijans („Kastenlosen") und Mitverfasser der indischen Verfassung.
- 1. Mai – **Labour Day** („Tag der Arbeit"), in MH als **Maharashtra Day** (F, D) gefeiert.
- Mai/Juni – **Buddha Purnima** (F, D). Festtag zu Ehren der Geburt Buddhas.
- 15. August – **Independence Day** („Tag der Unabhängigkeit", F, D). Dieser Tag ist Anlass zu patriotischem Stolz.
- Juli/Aug. – **Nag Panchami.** Ein Festtag, der den Schlangen gewidmet ist, die oft mit Göttern assoziiert werden. Auf dem Land werden Schlangen Opfergaben dargebracht.
- Juli/Aug. – **Parsi New Year (Navroz).** Das Neujahr der Parsen (F in MH).

Zur richtigen Zeit am richtigen Ort

- Juli/Aug. – **Krishna Janmasthami** (F). Der Geburtstag des Gottes Krishna und sicher der akrobatischste aller Festtage in Mumbai: Hoch zwischen die Gassen werden Tonkrüge mit Milch gehängt, die junge Männer durch das Bilden von menschlichen Pyramiden zu erreichen versuchen. Ein großer Spaß, der auf die Leidenschaft des jungen Gottes Krishna für Milch anspielt.
- Juli/Aug. – **Ramzan Eid (Id)** (F, D). Das Ende der moslemischen Fastenperiode Ramzan (Ramadan) wird mit einem ausgiebigen Festschmaus gefeiert. Die Straßen in den vorwiegend moslemischen Stadtteilen wie Bhendi Bazar sind voll mit Essenständen.
- September – **Ganesh Chaturthi** (F, nur der letzte Tag). Beim 9-tägigen „Ganesh-Festival" wird der Elefantengott Ganesh gefeiert, eine Art Schutzpatron Mumbais. An vielen Stellen in der Stadt werden Schreine mit Ganesh-Figuren errichtet und die Gläubigen treffen sich dort zu Gebeten und Gesängen. Am letzten Tag des Festes zieht man gemeinsam mit den Ganesh-Figuren zum Meer und lädt sie dort ab (*visarjan* = Eintauchung). Darunter sind mannshohe, ja sogar haushohe Figuren, die unter viel Jubel im Meer versenkt werden. Die größten Festlichkeiten finden mit Hunderttausenden von Teilnehmern am Chowpatty Beach 11 statt.
- Sept./Okt. – Die Indo-German Chamber of Commerce (www.indien.akh.de) lädt auf dem Mahalakshmi Race Course zu einem **dreitägigen Oktoberfest** ein.

Pir Badshah Sandal: „High" für den heiligen Butterkerl

Am 17. Tag des moslemischen Monats Muharram findet jedes Jahr ein ganz besonderes Fest statt: Pir Badshah Sandal, eine Prozession zu Ehren eines moslemischen Heiligen, der auf dem Bada Qabristan (s. S. 83) beerdigt ist. Mit vollem Ehrentitel hieß er Hazrat Sayyed Amir Hamza Kudri Chisti Buneri Badshah Peer Maske Wala Baba – so steht es zumindest an seiner „Dargah", seiner überdachten Grabstätte in der äußersten Nordwestecke des Friedhofs. Der Heilige, der 1958 verstarb, soll durch und durch Exzentriker gewesen sein. Seinen Körper rieb er mit Butter ein (das „Maske Wala" in seinem Titel bedeutet etwa „Der mit der Butter") und die meiste Zeit verbrachte er im Haschischrausch. Letzteres ist ein guter Vorwand für Mumbais Kiffer, den Heiligen in einer Haschischprozession zu ehren. Gruppen von Haschischrauchern ziehen angeheitert zum Grab, qualmen fröhlich aus „chilam" (länglichen Rauchinstrumenten), und die Polizei, die den Teilnehmern freundlich durch den Verkehr hilft, drückt beide Augen zu. Dies ist die einzige Gelegenheit, zu der Haschischrauchen in Mumbai praktisch erlaubt ist. (Ansonsten lässt man aber auch die hinduistischen „Sadhus" gewähren, bei denen das Haschischrauchen ebenfalls zum religiösen Ritual gehört.)

Das Fest ist beweglich, der Monat Muharram rückt jedes Jahr ein wenig vor. Die nächsten voraussichtlichen Termine: 21.11.2013, 11.11.2014, 31.10.2015. Zur Sicherheit erkundige man sich bei Lakshmi Das, einem Hindu, der seit seiner Jugend ein Anhänger des Heiligen ist und nachmittags oder abends in der „Dargah" für Ordnung sorgt. Interessierte können sich auch ein Foto des imposanten alten Herrn zeigen lassen.

- 2. Okt. – **Gandhi Jayanti** (F, D). Mahatma Gandhis Geburtstag. Dem „Vater der Nation" wird an einem besinnlichen Feiertag die Ehre erwiesen.
- Oktober – **Prohibition Week** (D, nur der letzte Tag). In dieser Woche soll der Bevölkerung durch Kampagnen die Alkoholabstinenz schmackhaft gemacht werden. Quasi als Vorgeschmack derselben gipfelt die Woche in einem „dry day".
- Oktober – **Bakri Eid (Id)** (F, D). Moslemisches Opferfest in Erinnerung an Ibrahim, der bereit war, seinen Sohn für Allah zu opfern. Allah gebot ihm, stattdessen eine Ziege zu schlachten. Das Ritual fand Nachahmer und so wird bis heute diesem Festtag unter Ziegen mit gewisser Besorgnis entgegengesehen.
- Oktober – **Mumbai Film Festival** (www.mumbaifilmfest.com).
- Okt./Nov. – **Vijaya Dashami** oder **Dussehra** (F, D). Ein Fest zu Ehren des Sieges des Gottes Rama über den Dämon Ravana und gleichzeitig der letzte Tag der 9-tägigen Festperiode **Navratri.** Auf Bühnen werden Aufführungen gezeigt, die vom Leben Ramas und seinem Kampf gegen Ravana handeln. Am Vijaya Dashami werden riesige Puppen oder Figuren von Ravana verbrannt. In Mumbai findet es am Chowpatty Beach 11 statt.
- Okt./Nov. – **Muharram** (F, D). Das wichtigste moslemische Fest, das dem Tod des Enkels Mohammeds in einer Schlacht in Erinnerung ruft. Bei den Trauerprozessionen kommt es oft zu gewalttätigen Auseinandersetzungen zwischen Shias und Sunnis. Als wäre dies nicht Nervenkitzel genug, so ziehen Gruppen von Shia-Männern durch die Straßen und geißeln sich selbst mit Peitschen, an deren Ende scharfe Messer angebracht sind. Das Unterfangen endet natürlich in einem Blutbad. Wer es live erleben möchte, sollte sich in die moslemischen Stadtteile Dongri oder Bhendi Bazar 6 begeben.

009mb Abb.: rk

- Okt./Nov. – **Diwali.** Beim hinduistischen Lichterfest, das sich über fünf Tage hinzieht, ist jeder Tag einer anderen Gottheit gewidmet ist. Nebenbei ist es auch der Beginn des neuen Geschäftsjahres und die traditionell roten Geschäftsbücher werden in Gebetszeremonien von der Glücks- und Geldgöttin Lakshmi gesegnet. An Hauseingängen und Fenstern werden kleine Öllampen aufgestellt bzw. es werden elektrische Lichterketten hingehängt.
- November – **Guru Nanak Jayanti** (F, D). Der Geburtstag des Begründers des Sikhismus, Guru Nanak, gefeiert in Sikh-Tempeln.
- 25. Dezember – **Weihnachten** (F)
- 31. Dezember – **Silvester.** Gefeiert wird mit Böllern und Alkohol, am ausgiebigsten im Stadtteil Colaba.

Zu Ganesh Chaturthi werden Götterfiguren im Meer versenkt

Mumbai für Kauflustige

Für Kauflustige gibt es in Mumbai ein weites Betätigungsfeld. Die größte Shoppingzone ist der Stadtteil Colaba. Hier kaufen nicht nur Touristen, sondern auch Einheimische und vor allem jüngere Leute. Neben Geschäften finden sich unzählige Straßenstände, vor allem entlang der Ostseite der Shahid Bhagat Singh Rd. (Colaba Causeway [H12/G13]) zwischen Regal Cinema und Arthur Bunder Rd.

An den **Straßenständen** wird ein Riesensammelsurium veräußert: Lederwaren, Modeschmuck, Textilien, Handwerksartikel, Handtaschen und Koffer, Stadtpläne, Souvenirs und Schnickschnack jeder Art. Die Händler können etwas aufdringlich sein und sprechen fast jeden ausländischen Passanten an. In den Geschäften, von denen sich fast nahtlos eins neben das andere reiht, gibt es modische Kleidung, Lederwaren, Schuhe, Handwerksartikel, Souvenirs, Teppiche und auch der eine oder andere *kirānā-wālā* („Kramladen") mit Lebensmitteln, Hygieneartikeln u. a. ist dazwischen. An den Straßenständen muss um den **Preis** gehandelt werden, ebenso in einigen Läden (Souvenirs, Teppiche etc.), nicht aber in Geschäften nach westlicher Art mit Preisauszeichnung und einer regulären Kasse, an der man bezahlt.

Aber auch Topmode ist in Colaba präsent. Mit der Kollektion des Modedesigners **Tarun Tahiliani** (s. S. 31) kleiden sich z. B. unter anderem Bollywoodstars ein. Die Boutique **Bombay Electric** bietet gleich mehreren indischen Designern ein kreatives Outlet und das Ergebnis ist oft eine eklektische Mischung aus traditionell-indischer und westlicher Mode – oder ganz einfach cooler Straßen-Chic.

Weiter südlich in Colaba befindet sich der **Colaba Market** (s. S. 32). Hier gibt es jede Menge Obst und Gemüse, dazu Haushalts- und Elektroartikel. An den Obst- und Gemüseständen kann gehandelt werden.

Landesübliche Souvenirs lassen sich besser außerhalb der touristischen Zonen kaufen, da wo sie nicht Souvenir sind, sondern Alltagsgegenstand. Hinduistische Götterfiguren aus Messing oder Marmor und andere religiöse Objekte lassen sich z. B. viel günstiger in Bhuleshwar ❹, speziell Panjrapole Tol (s. S. 70), kaufen als in Colaba – z. B. bei **Gaurishankar** (s. S. 30) und **Shri Lakshmi Narayan Puja Vastu Bhandar** (s. S. 31). Größere Götterfiguren aus Messing werden z. T. nach Gewicht verkauft.

Hochwertigen Schmuck, Edelsteine, Handwerksartikel, Zimmerdekorationen, Textilien, indische Parfüms, Lederwaren, Teppiche u. a. bieten die Geschäfte des **Oberoi Shopping Centre** (s. S. 33) am Oberoi Hotel. Am südlichen Zugang zum Zaveri Bazar ❺, links neben dem Badshah Cold Drink House (s. S. 46), verkaufen zahlreiche Geschäfte Stoffe und traditionelle indische Kleidung wie *Kurtas* (Hemden), *Pajamas* (leichte Baumwollhosen), Saris und *Dupattas* (Schals). Der dortige **Mangaldas Market** (s. S. 32), ein überdachter Markt, der von zahlreichen Gassen mit insgesamt 500 Geschäften durchzogen wird, ist einer der günstigsten Orte für Stoffe und Textilien. Etwas weiter westlich liegt der noch etwas größere **Mulji Jetha Market** (s. S. 32).

Nicht ausgelassen werden sollte der **Thieves' Market** („Diebesmarkt", s. S. 33), in Lokalsprache *Chor Bazar* genannt (chor sprich „tschor"). Er ist Teil des moslemisch dominierten

Markt- und Geschäftsviertels **Bhendi Bazar** 6, eines der planlosesten aber auch interessantesten Viertel der Stadt.

Antiquitäten und Kunst

36 [G2] **Camera House,** 137, Mutton St., Mumbai 400003, Handy 9869071556, ca. 9/10–20 Uhr. Alte Kameras und Miniaturkameras.

37 [G2] **Mini Art Centre,** 145/147, Mutton St., Mumbai 400003, Tel. 23478646, ca. 9–20 Uhr. Alte bzw. auf alt getrimmte neue Grammofone, Kunst- und Kitschgegenstände.

38 [G2] **Object of Desire,** 109, Mutton St., Mumbai 400003, Tel. 23401155, ca. 9/10–20 Uhr. Marmorne Jugendstilfiguren, chinesische Figuren und Vasen.

39 [G1] **Oriental Arts & Crafts,** 102, Mutton St., Mumbai 400003, Handy 9819489585, Sa–Do 10–20 Uhr. Geschnitzte oder gemeißelte Götterstatuen.

40 [H11] **Phillips Antiques,** Indian Mercantile Mansions, Madame Cama Rd., gegenüber Regal Cinema, Mumbai 400001, Tel. 22020564, 22820782, www.phillipsantiques.com, geöffnet: Mo–Sa 10–19 Uhr. Phillips Antiques führt seit Jahrzehnten eine betörende Kollektion an Antiquitäten, von alten Porzellan- und Haushaltswaren (teilweise aus der Kolonialzeit) über Schmuck, Landkarten, Zeichnungen, Fotos, Glas-, Töpferei- und Metallarbeiten bis zu Möbeln. Hier findet sich alles unter einem Dach, nicht unbedingt günstig, aber zuverlässig.

Shoppingareale

Die wichtigsten Shoppingbereiche der Stadt sind im Kartenmaterial mit einer rötlichen Fläche markiert.

Alte Münzen

41 [G2] **Haji Salauddin,** Mutton St./Ecke Sayed Lane, Mo–Sa ca. 10–20 Uhr. Der kleine Straßenstand von Mr. Haji Salauddin bietet alte Münzen und solche, die auf alt getrimmt sind. Im Gegensatz zu anderen Händlern sagt Haji ehrlich, welche echt und welche imitiert sind.

Filmposter (Bollywood), Bücher, CDs und DVDs

42 [B1] **Crossword Bookstore,** Ground Floor, Mohammedbhai Mansion, N.S.P. Marg, Mumbai 400026, Tel. 66272100, www.crossword.in, geöffnet: Mo–Fr 11–20.30, Sa/So 11–21 Uhr. Teil einer indischen Buchladenkette, gut bestückt mit viel populärer Literatur, aber auch Kinderbüchern, Spielzeug und CDs. Im Hintergrund spielt Musik von Hindi-Pop bis Klassik-Rock.

43 [D2] **LGP Components,** C/5-C Mangaldas Wadi, Naaz Cinema Compound, 393, Lamington Rd., Mumbai 400004, Tel. 23891359, 66586479, geöffnet: Mo–Sa 11–20.30 Uhr. Restposten von Reklamepostern alter und neuer Hindi-Filme, schon ab ₹ 10. Um das Naaz Cinema herum befinden sich traditionell die Büros von Filmvertrieben und Produktionshäusern. Man wird auch im direkt gegenüber liegenden Laden **Film Trunks and Posters** (Mo–Sa ca. 10–19 Uhr) und bei **Poster Stuff** (s. S. 30) fündig.

› **Nalanda,** Ground Floor, Taj Shopping Arcade, Taj Mahal Palace Hotel 8, Tel. 22022514, geöffnet: 8–24 Uhr. Ein kleiner Buchladen hinten links am Ende der Lobby des Taj, aber vom Boden bis zur Decke vollgestopft und wahrscheinlich findet man, was man sucht. Mit großer Auswahl an Populärliteratur, Büchern über Indien, Wörterbüchern, Magazinen, Postkarten, CDs mit klassischer indischer Musik und Soundtracks von Bollywoodfilmen.

44 [G10] **Oxford Bookstore,** Apeejay House, 2, Dinshaw Vacha Rd., Churchgate, Mumbai 400020, Tel. 66364477, www.oxfordbookstore.com. Eine gute Auswahl an Büchern, mit Sitzecken zum Lesen und der sehr beliebten Tee-Bar Cha Bar mit 60 verschiedenen Teesorten.

45 [G2] **Poster Stuff,** 113, Mutton St., Tel. 9870440970, Mo–Sa ca. 10–20 Uhr. Seltene Bollywoodposter.

46 [H10] **Rhythm House,** 40, K. Dubash Marg, Kala Ghoda, Fort, Mumbai 400023, Tel. 43222727, www.rhythmhouse.in, geöffnet: Mo–Sa 10–20.30, So 11–20.30 Uhr. Der kleine Laden ist randvoll mit Regalen angefüllt, die Gänge sind eng und Zusammenstöße mit anderen Kunden sind fast unvermeidlich. Dafür bietet sich eine reichhaltige Palette an Musik von klassischer indischer bis zu indischer Pop-Musik, Trance und Fusion, dazu westliche Rockmusik und ein wenig Jazz und Blues. Weiterhin gibt es DVDs mit Livekonzerten oder auch Hindi-Filmen, von den alten Klassikern bis zu den neusten Hits. Eine CD mit westlicher Pop-Musik kostet ca. 5 € (keine Raubkopien), indische Musik noch weniger.

› **Secondhandbücher:** Hinter der Dadabhai-Noaroji-Statue an der Ecke Mahatma Gandhi Rd./Dababhai Naoroji Rd. [H9] finden sich Open-Air-Läden mit großer und preiswerter Auswahl, auch alte Bücher. Manchmal sind echte Fundstücke dabei. Mo–Sa ca. 11–19 Uhr.

EXTRATIPP

Shop 'n' Stop

Kitab Khana ist ein gutsortierter, gemütlicher Buchladen der alten Schule mit viel Platz und gemütlichem Ambiente, das zum Verweilen einlädt. Auf alle Bücher wird sofort ein Rabatt von 20 % auf den offiziellen Preis gewährt und so ist hier vielleicht die erste Anlaufstelle beim Bücherkauf. Die Einkäufe werden in umweltfreundliche Jutetaschen verpackt. Am hinteren Ende des Ladens befindet sich außerdem das ausgezeichnete kleine **Café Food For Thought** mit Sandwiches, Pasta, Salaten, Kuchen (10–19.30 Uhr, Tel. 22844242, www.cafefoodforthought.com).

47 [H9] **Kitab Khana,** Somaiya Bhavan, Ground Floor, 45/47, M.G. Rd., Hutatma Chowk, Fort, Mumbai 400001, Tel. 22888041, 22888043, www.kitabkhana.in, geöffnet: tägl. 10.30–19.30 Uhr, außer an einigen Nationalfeiertagen

Kunsthandwerk und Götterfiguren

In dieser Beziehung hat Mumbai weit weniger zu bieten als z.B. Delhi, die Auswahl ist aber ausreichend. Zahlreiche kleine Geschäfte in Colaba bieten kunsthandwerkliche Artikel von Teppichen über Lederwaren bis zu Metallarbeiten an, dazu stehen einige regierungseigene Läden zur Verfügung, die oft die Produkte eines bestimmten Bundesstaates veräußern.

48 [D14] **Gangotri (Uttar Pradesh Government Emporium),** 38 North, 1st Floor, World Trade Centre, Cuffe Parade, Mumbai 400005, Tel. 2188187, Mo–Sa 10.30–18.30 Uhr

49 [F3] **Gaurishankar,** Panjrapole Compound, Tel. 66364667, Mo–Sa 10–20 Uhr. Religiöses „Zubehör", Götterfiguren aus Metall oder Marmor, Götterbilder, dazu Kunsthandwerkliches.

50 [F9] **Gujarat Emporium,** Khetan Bhavan, Jamshetji Tata Rd., Churchgate,

Mumbai 400020, Tel. 2852143, Mo–Sa 10.30–18.30 Uhr.

51 [D14] **Himachal Pradesh Handicrafts Emporium,** 41, The Arcade, World Trade Centre, Cuffe Parade, Mumbai 400005, Tel. 2181725, Mo–Sa 10.30–18.30 Uhr.

52 [D14] **Jammu & Kashmir Emporium,** World Trade Centre, Cuffe Parade, Mumbai 400005, Tel. 2189718, Mo–Sa 10.30–18.30 Uhr.

53 [H9] **Khadi & Village Industries Emporium,** 286, D.N. Rd., Fort, Mumbai 400001, Tel. 22073280, Mo–Sa 10.30–18.30 Uhr.

54 [F3] **Shri Lakshmi Narayan Puja Vastu Bhandar**, Panjrapole Compound, Tel. 22428274, Mo–Sa 10–20 Uhr. „Puja Vastu Bhandar" bedeutet „Markt für Gebetsutensilien", das Warenangebot ist mit dem vom Konkurrenzunternehmen Gaurishankar vergleichbar.

Indische Musikinstrumente

55 [G6] **Furtado's,** Jer Mahal, Dhobi Talao, gegenüber Metro Cinema, Mumbai 400002, Tel. 22013105, 66225454, www.furtadosonline.com, geöffnet: Mo–Sa 10–19.30 Uhr. Der Handel mit Musikinstrumenten ist traditionell in der Hand von Goanesen, so auch hier. Erhältlich sind neben westlichen Instrumenten auch indische Sitars, Tablas u. a. Sitars ab ca. 120 €.

Kleidung und Schmuck

56 [H12] **Bombay Electric,** 1 Reay House, Best Marg, Colaba, Mumbai 400039, Tel. 22876276, www.bombayelectric.in, 11–21 Uhr. Schicke, moderne und manchmal eklektische Mode.

57 [H10] **Fabindia,** Jeroo Bldg., M.N. Rd., Kala Ghoda, Fort, Mumbai 400001, Tel. 22626539, www.fabindia.com, geöffnet: 10–20 Uhr. Eine umfangreiche Kollektion an hochwertigen indischen Textilien, Damen-, Herren- und auch Kinderbekleidung, Handtaschen, Schmuck, Accessoires, Kissen- und Bettbezügen, Dekorationsartikeln sowie organischen Kosmetika und organischen Kaffees und Tees. Fabindia hat weitere Filialen in Mumbai (siehe Website).

58 [G7] **Fashion Street,** M.G. Rd., Mumbai 400001, geöffnet: ca. 11–21/22 Uhr. Der Name suggeriert Haute Couture, in Wirklichkeit ist Fashion Street nur eine Ansammlung von einigen Hunderten kleiner Läden – oder besser gesagt Bretterbuden –, aufgereiht entlang der Westseite der M.G. Road, im Bereich zwischen dem Central Telegraph Office und dem Metro Cinema. Hier werden Textilien zum Billigstpreis veräußert, dazu Schuhe und Modeschmuck. Bei Mumbais Jugendlichen ist die Straße sehr beliebt. Schon für 2, 3 der 4 € Euro bekommt man Hose, Hemd oder Bluse. Handeln!

59 [H13] **Tarun Tahiliani,** Villar-Ville Bldg., Ramchandani Marg, Colaba, Mumbai 400039, Tel. 22870895, www.taruntahiliani.com, Mo–Sa 11–20 Uhr. Haute Couture von einem der indischen Top-Designer.

60 [H4] **Tribhovandas Bhimji Zaveri,** 241/43 Zaveri Bazar, Sheikh Menon St., Mumbai 400002, Mo–Sa 11–21 Uhr, www.tbztheoriginal.com. *Die* Adresse für traditionellen indischen Gold- und Edelsteinschmuck von filigran-dezent bis protzig.

EXTRAINFO

Markenware?

Wie in so vielen Ländern ist es auch in Indien möglich, dass man beim Shoppen an **gefälschte Markenware** gerät. Mit Blick auf die Einfuhrbestimmungen des eigenen Heimatlandes (s. S. 100) sollte man sich im Zweifel gegen einen Kauf entscheiden.

Saris

Billige Saris für den Alltagsgebrauch gibt es überall, wenn „frau" etwas Besseres sucht, ist sie in der **Maharshi Karve Rd.** gut aufgehoben. Hier liegen gleich nebeneinander mehrere traditionsreiche Geschäfte, die Seiden-Saris, Brokat-Saris und generell Saris aus hochwertigen Stoffen verkaufen. Die Preise können bei Zigtausend Rupien liegen. Geöffnet ist jeweils Mo bis Sa von 11 bis 20 Uhr.

61 [F7] **Kala Niketan,** 95, Maharshi Karve Rd., Marine Lines, Mumbai 400020, Tel. 22005001, 22004952, www.kalaniketangroup.com

62 [F7] **Roop Kala,** 89, Maharshi Karve Rd., Queen's Chambers, Marine Lines, Mumbai 400020, Tel. 22095511, www.roopkalasarees.com

63 [F7] **Roop Milan,** Nr. 97-A, Maharshi Karve Rd., Marine Lines, Mumbai 400020, Tel. 24370078, 24316574, www.roopmilan.com

64 [F7] **Urvashi,** Nr. 99-C, Maharshi Karve Rd., Marine Lines, Mumbai 400020, Tel. 22007956

Wasserpfeifen (Hookahs)

65 [H3] **Akbarali,** 358, Ibrahim Rahimtoola Rd. (E.R. Rd.), Mumbai 400003, www.akbarali.net, Tel. 23462704, 23459069, 11–24 Uhr. Wasserpfeifen, traditionelle Messinggefäße aus Nordindien, Lederwaren u. v. m.

Märkte und Flohmärkte

66 [G13] **Colaba Market,** off Colaba Causeway, Mumbai 400005, ca. 7-22/23 Uhr. Auf diesem Markt gibt es jede Menge Obst und Gemüse, dazu Haushalts- und Elektroartikel.

10 [H5] **Crawford Market (Mahatma Jyotirao Phule Market).** Mumbais traditionsreicher Obstgroßmarkt, untergebracht in einem beeindruckenden Bau aus der Kolonialzeit.

67 [H5] **Mangaldas Market,** Janjikar St., Zaveri Bazar, Mumbai 400002, 10.30/11–20 Uhr. Textilien aller Art von feinster Seide bis zu billigem Polyester.

68 [G5] **Mulji Jetha Market,** zwischen Zaveri Bazar und Kalbadevi, Mumbai 400002, Mo–Sa ca. 11/11.30–20 Uhr.

010mb Abb.: rk

Angeblich der größte Textilmarkt Asiens mit 600 Textilläden, in denen die Händler bequem auf bettähnlichen Emporen samt gepolsterten Rückenlehnen und Kopfkissen hocken. Geboten werden Textilien aus Polyester, Baumwolle und Seide.

69 [G5] **Swadeshi Market,** Kalbadevi Rd., Mumbai 400002, Mo–Sa ca. 11–20 Uhr. Einer der größeren Textilmärkte der Stadt.

70 [G2] **Thieves' Market/Chor Bazar,** Bhendi Bazar, Mumbai 400003, Geschäfte ca. 11–19.30 Uhr, Straßenstände auch darüber hinaus. Manche Geschäfte sind Fr geschlossen.

5 [H4] **Zaveri Bazar.** Markt- und Geschäftsviertel, benannt nach den dortigen Schmuckhändlern *(zaveri)*. Geschäfte ca. 10/11–20/21 Uhr, einige Geschäfte So geschlossen.

Supermärkte, Shoppingcenter, Lebensmittel

71 [G9] **Asiatic Store,** Industrial Insurance Bldg., Veer Nariman Rd., Churchgate, gegenüber Churchgate Station, Mumbai 400020, Tel. 2880975–6, geöffnet: Mo–Sa 10–22 Uhr. Ein gutes Sortiment an Hygieneartikeln, Haushaltswaren, Kleidung, indischen Süßigkeiten und Kuchen, das alles präsentiert in einem recht modernen und sauberen Ambiente.

72 [be] **High Street Phoenix,** 462, Senapati Bapat Marg, Lower Parel (W), Mumbai 400013. Die meisten großen Shoppingmalls befinden sich in den Vorstädten, diese ist aber auch für Touristen gut zu erreichen. Auf dem Gelände – einst eine Textilfabrik – erstreckt sich ein weitläufiger Gebäudekomplex mit zahlreichen Geschäften und einer Filiale der indischen Supermarktkette „Big Bazaar".

73 [G3] **M. Motilal Masalawala,** 154 Bhuleshwar Rd., Tel. 22426294, Mumbai 400002, So–Sa 9.30–20.30 Uhr. Frische Gewürze und Pickles.

74 [E11] **Oberoi Shopping Centre,** Nariman Point, Mumbai 400021, Tel. 56325757, geöffnet Mo–Sa ca. 11–20 Uhr. Hochwertige Handwerksartikel. Stoffe, Lederwaren, Edelsteine und Schmuck, indische Parfüms und Öle, das alles in gediegener Fünfsterneatmosphäre.

75 [H11] **Sahakari Bhandar,** Majestic Bldg., Shahid Bhagat Singh Rd., Colaba, Mumbai 400005, Tel. 22850770, geöffnet: 10–20.30 Uhr. Von außen ist dies einer der imposantesten Kolonialbauten in Colaba, innen versprüht der Laden, dessen Name übersetzt so viel wie „Genossenschaftlicher Markt" bedeutet, aber so viel Charme wie der Lagerraum einer sowjetischen Kolchose. Dafür gibt es alles preiswert zu kaufen – von Shampoos und Deos bis zu Müsli, Haferflocken, Trockenfrüchten, Tee oder Essgeschirr.

76 [F9] **Suryodaya,** Indian Merchant Chambers Bldg., Veer Nariman Rd., Churchgate, Mumbai 400020, Tel. 43608000, geöffnet: 10–22 Uhr. Zweistöckiger, enger und randvoll gestopfter Supermarkt gleich neben Churchgate Station mit komplettem Rundumangebot von Hygieneartikeln bis Lebensmitteln.

Bunt gehüllt: Saris und auch die Salwar-Kamiz, die Hosen-und-Oberteil-Kombinationen, die viele Frauen tragen, fallen oft sehr farbenfroh aus

Mumbai für Genießer

Essen und Trinken

Vegetarier haben es in Mumbai oder in Indien generell sehr gut. Eine große Anzahl, wenn nicht gar die Mehrheit der Restaurants ist vegetarisch (veg.), manchmal müssen Fleischesser länger suchen, bis sie tierische Nahrung auf den Teller bekommen.

Letztere findet sich vor allem in Restaurants mit Panjabi-Küche, in westlich orientierten Restaurants und in allen moslemischen Lokalen. In die letzte Kategorie fallen auch die Mughlai-Restaurants, die eine Küche bieten, die von den (moslemischen) Moguln beeinflusst ist. Unter **„Fleisch"** versteht man meist Hühnchen oder Ziegenfleisch. Rind- und Schweinefleisch werden praktisch nur von Christen und Parsen gegessen.

Viele Hindus sind **strikte Vegetarier**, auch Eier werden nicht verzehrt. Die Jains, eine kleine Religionsgruppe, die sich auf die Lehren des sogenannten „Wegbereiters" Mahavir (3 Jh. v. u. Z.) beruft, essen traditionell auch keine Gemüse, die in der Erde wachsen, da durch das Herausziehen kleine Lebewesen getötet werden könnten. Nicht alle Jains sind jedoch so extrem. Viele essen keinen Knoblauch und keine Zwiebeln, da diese der geistigen Balance abträglich sein sollen.

Nur einige sehr „moderne" oder verwestlichte Hindus essen Rindfleisch. Hindus, Jains und den meisten Sikhs **gilt die Kuh als heilig**, als eine Art nährendes, göttliches Prinzip, von dem man zahlreiche andere Vorteile bezieht (Milch, Dünger, Arbeitskraft usw.).

Aufgrund der zahlreichen Migranten aus unterschiedlichen Regionen bietet sich auch eine beachtliche Auswahl an unterschiedlichen regionalen Küchen an. Hier die wichtigsten:

- **Gujarati** – Rein vegetarisch; das Standardgericht ist die *Gujarati Thali*, eine große Metallplatte, auf der sich kleine Schalen mit verschiedenen Gemüsen und viele weitere Zutaten, z. B. *Chapatis* oder *Rotis* (diverse Fladenbrote), befinden. Viele *Thalis* sind „unlimited", d. h. man bekommt so oft nachgefüllt, bis man abwinkt. Thalis bieten somit einen guten Gegenwert und dazu kann man mit einem Mal viele verschiedene Speisen probieren. Die Gujarati-Küche ist leicht süßlich, selbst viele an sich scharfe Curries werden mit Zucker oder gur (Rohzucker) gesüßt.
- **Maharashtrian** – Die Küche des Bundesstaates Maharashtra, die in Mumbai erstaunlich wenig vertreten ist, zumeist in Wohngebieten mit vielen Maharashtriern. Das Essen ist meist vegetarisch, aber nicht ausschließlich. Auch hier gibt es füllende und preiswerte *Thalis.*
- **Malwani/Konkan** – Die Küche der Küstenregion von Malwan in Maharashtra oder darüber hinaus aus dem Bereich der Konkan-Küste, etwa zwischen Ratnagiri in Maharashtra und Mangalore in Karnataka. Die Küche zeichnet sich in erster Linie durch ihre scharfen und schmackhaften Fischgerichte aus.

Gastro- und Nightlife-Areale

Bläulich hervorgehobene Bereiche in den Karten kennzeichnen Gebiete mit einem dichten Angebot an Restaurants, Bars, Klubs, Discos etc.

Open-Air-Küche: Fladenbrote werden oft auch mitten auf der Straße gebacken, in diesem Fall Parathas, die in Öl gesotten werden

- **Moghlai/Mughlai** – Eine Mischung der nordindischen Küche mit der aus den Regionen um Pakistan, Afghanistan oder Zentralasien, mit reichlich Fleischgerichten. Eines der Standardgerichte ist *Biriyani,* ein würziger Safranreis mit Gemüse und Fleisch.
- **Panjabi/Punjabi** – Die Küche aus der Region des Panjab („Fünfstromland") im Norden Indiens, rustikal-herzhaft, mit vielen Fleischgerichten. Das bekannteste ist vielleicht das *Butter Chicken. Thalis* sind ebenfalls erhältlich. Die Panjabi-Küche ist vielleicht die indische Küche, die Europäern am leichtesten zusagt. Die meisten indischen Restaurants in westlichen Ländern bieten Panjabi-Küche.
- **Udipi/Udupi** – Rein vegetarisch, eine relativ leichte Küche, die in der Stadt Udipi in Karnataka entstanden sein soll. Zu ihren Klassikern gehören die heute überall in Indien erhältliche *Masala Dosa* (ein Fladen aus Reisteig mit würziger Kartoffelfüllung) und *Idli,* eine Art gedämpfter Reiskloß. Beide werden zusammen mit einer scharfen Brühe *(sāmbhar)* und Kokos-Chutney gegessen. Dazu gibt es auch *Thalis,* meist schlicht und extrem preiswert.

Wenn es so etwas wie eine „typische Mumbai-Mahlzeit" gibt, ist es **Vada Pav** (gesprochen „Pau"). Dies ist eine Art vegetarische Frikadelle, die zwischen ein aufgeschnittenes, weiches Brötchen gelegt wird. Das Ganze wird dann mit einigen delikaten Zutaten (Chutneys, Tamarinden-Soße u. a.) gegessen. Es ist ein überall präsenter und preiswerter Imbiss, der in einfachen Lokalen und an Brutzelständen an der Straße verkauft wird. Für 1 € kann man ein halbes Dutzend davon verdrücken. Ansonsten können sich die Essgewohnheiten der Mumbaikars stark unterscheiden, die ethnische oder regionale Herkunft hat großen Einfluss auf den Speisezettel.

Trinkgelder sind nur in besseren Restaurants üblich, ca. 10 % sind angebracht. In einfachen, sehr preiswerten Restaurants geht man einfach mit der Rechnung an die Kasse und zahlt. In gehobenen Restaurants, z. B. in Fünfsternehotels, wird auf den Preis eventuell eine Steuer und Bedienungsgebühr aufgeschlagen. Die Angaben dazu stehen auf der Speisekarte.

011mb Abb.: rk

012mb Abb.: rk

Bei den **Getränken** ist der **Tee** am beliebtesten. In landestypischer Art werden die Teeblätter zusammen mit Wasser, Milch und Zucker aufgekocht (auf Wunsch ohne Zucker). Eventuell kommen noch Gewürze wie Kardamom, Ingwer, schwarzer Pfeffer u.a. dazu, woraus sich ein köstlicher sogenannter „special tea" ergibt. Tee wird zu jeder Tageszeit getrunken, auch als „Digestif" nach den Mahlzeiten. Zur Mahlzeit selbst wird kostenlos **Wasser** gereicht. In Toprestaurants (Fünfsternehotels etc.) sollte es gereinigt und gefiltert sein, anderswo gibt es keine Gewähr.

Kaffee ist in Indien weniger verbreitet als im Westen, wird aber unter jungen Leuten immer beliebter. Kaffeehausketten wie Barista und Coffee Day betreiben zahlreiche Filialen. Die Preise sind für örtliche Verhältnisse sehr hoch, über 1 € für einen Becher. Sehr preiswert hingegen ist der Kaffee, der in vielen Udipi-Restaurants ausgeschenkt wird. Es handelt sich dabei um den südindischen Kaffee, der ein ganz eigenes, schmackhaftes aber mildes Aroma aufweist. Man bestellt ihn unter der Bezeichnung „filter coffee". Viele andere einfache Restaurants bieten nur Nescafé.

Relativ wenige Restaurants schenken **alkoholische Getränke** aus. Das liegt einerseits daran, dass die traditionelle indische Gesellschaft Alkohol missbilligt (s. S. 48), andererseits sind die Lizenzen zum Verkauf von Alkohol teuer und nicht jedes Restaurant ist zu der Ausgabe bereit. Manche Restaurants servieren Bier, aber keine harten Alkoholika, da für diese die Lizenz noch einmal teurer wäre. Eine Flasche Bier (650 ml), z. B. Kingfisher, kostet in Restaurants oder Bars ca. 1,50 bis 3 €; ein Glas indi-

Teebeutel sind in Indien nicht besonders beliebt, der Tee wird meist lose verkauft

schen Hausweins, z. B. Sula, ca. 3,50 bis 6 €. Das Gebiet um Nasik in Maharashtra ist ein Weinanbaugebiet, die Qualität der Erzeugnisse ist bisher aber nur mäßig.

Empfehlenswerte Lokale

Indisch

77 [H9] **Apoorva** €€, Vasta House, S.A. Brelvi Marg, Tel. 22870335, geöffnet: 11.30–16 und 18–24 Uhr. Würziges Seafood nach Konkan-Manier, dazu einige chinesische Gerichte.

78 [H12] **Bade Miyan (Bademiyan)** €-€€, Tulloch Rd., Colaba, Mumbai 40039, Tel. 22848038, geöffnet 18–1 Uhr. Bade Miyan ist nichts weiter als ein Straßenstand, der seit Jahrzehnten eine treue Anhängerschaft hat. Serviert werden vor allem Fleischspieße aller Art, Kebabs etc., aber auch *Rolls,* in *Rotis* zusammengerollte Fleisch- oder Gemüsezubereitungen. Verzehrt werden die Speisen auf Plastikstühlen sitzend oder einfach im Stehen, direkt am Straßenrand oder auch auf der Straße. Links in einer Nische gibt es eine Art vegetarisches Pendant zu den Fleischspießen, *Paneer Tikka,* marinierte Käsebrocken, die in einem *Tandoor* oder *tandūr* (Backofen) gebacken werden. Schräg gegenüber, in der Nawroji Ferdoonji Rd., betreibt Bade Miyan auch ein neues kleines Restaurant. Eine weitere, größere Zweigstelle befindet sich am Horniman Circle (Botawala Bldg., Tel. 22655657, geöffnet 11–1.30 Uhr.). Das Straßenlokal bietet aber wohl das authentischste Erlebnis..

79 [G4] **Bhagat Tarachand** €-€€, Mumbadevi Commercial Centre, Sheikh Menon St., 69/75 Zaveri Bazar, Mumbai 400002, Tel. 22425483, und:

80 [H3] **Bhagat Tarachand** €-€€, 47/55 Mumbadevi Rd., Pydhonie, Mumbai 400003, Tel. 23416655, www.bhagattarachand.com; geöffnet: Mo–Sa 10–23 Uhr bzw. tägl. 12–23 Uhr. Bhagat Tarachand ist in Mumbai unter Kennern ein bekannter Name. In der Sheikh Menon St. befinden sich mehrere Restaurants mit diesem Namen, die Mitgliedern derselben Familie gehören. Das wohl beste Restaurant ist das direkt an der Ecke neben dem Mumbadevi Temple 16. Das kleine, zweistöckige Restaurant macht nicht viel her, das Essen – Sindhi und Panjabi – ist köstlich, wenn auch manchmal etwas schwer und fett. Das beste Beispiel dafür ist die Hausspezialität *Dal Fry,* ein Linsenbrei, der vor Butter nur so schwimmt und mit einer ordentlichen Portion in Butter gebratenen Zwiebeln verfeinert wird. Köstlich! Für ca. 2 € gibt es eine sehr gute *Thali.* Etwas weiter östlich des Tempels liegt eine neuere, etwas noblere und klimatisierte Zweigstelle dieses Restaurants (Pydhonie Branch) mit dem bekannt guten Essen.

81 [F9] **Café Bharat** €, Indian Merchant Chambers, AMC Rd., Churchgate, Mumbai 400020, Tel. 22824219, geöffnet: Mo–Sa 9–20 Uhr. Bei Mumbais relativ hohen Preisen ist es immer erfreulich, wenn Restaurants versuchen, für wenig Geld noch etwas zu bieten. Das extrem preiswerte Café Bharat ist sehr beliebt bei den Pendlern, die die Churchgate Station passieren. Es gibt einfache südindische Mahlzeiten und Snacks. Eine *Masala Dosa* kostet nur ca. 0,30 € und

Preiskategorien

Die Kategorien beziehen sich auf eine volle Mahlzeit (1–2 Gänge und ein Getränk) für eine Person ohne alkoholische Getränke.

€	bis 3 € (₹ 209)
€€	3–10 € (₹ 209–696)
€€€	über 10 € (₹ 696)

für 0,15 € gibt es *das* lukullische Trostpflaster für gestresste Mumbaikars: *Vada Pav. Thalis* für unter 1 €.

82 [C3] **Café Ideal** €-€€, Shop Nr. 5, Fulchand Nivas, Girgaum Chowpatty, Mumbai 400007, Tel. 23630943, geöffnet: 8–24 Uhr. Eines der Lieblingsrestaurants/-bars des Autors, nicht weil das Essen unbedingt so großartig wäre, sondern der Lage wegen: Von seiner Eckposition kann man wunderbar das Leben um die Kreuzung, an der es gelegen ist, verfolgen. Der Parsi-Besitzer bastelt das Interieur alle zwei Jahre um, und in dieser Beziehung weiß man nie, was man bekommt. Aus einer Jukebox dröhnt entweder der neuste Bollywoodhit oder ein Rockklassiker. Statt einer vollen Mahlzeit sollte man lieber zu einem der Snacks greifen, die teilweise sehr gut ausfallen – z. B. der *Cheese Chilli Toast.* Die Speisen sind vegetarisch, es gibt aber auch Eierspeisen. Abends finden sich viele Biertrinker ein und es kann sehr laut werden. Morgens ist hier die ideale Besuchszeit.

83 **Café Madras** €, Kamakshi, 391/38/B, Bhau Daji Rd., King's Circle, Matunga (E), Mumbai, 400019, Tel. 24014419, geöffnet: Di–So 7–14.30 und 16.30–22.30 Uhr. Seit 1940 besteht dieses winzige Restaurant im Stadtteil Matunga East, das eine kleine Legende in Sachen südindische bzw. Udipi-Küche ist. Viele Bewohner in Matunga East stammen aus dem Süden des Landes. Schon vor Betreten des fast immer voll besetzten Lokals weht einem der aromatische Geruch südindischen Kaffees entgegen, der hier besonders gut schmeckt. Dazu gibt es eine Vielzahl an kleinen Gerichten aus der Udipi-Küche und solchen aus dem Bundesstaat Tamil Nadu. Darunter sind *Masala Dosa* und andere *Dosas* mit unterschiedlichen Füllungen. Falls das Café Madras geschlossen oder voll sein sollte, findet man ein paar Meter weiter nördlich ein weiteres sehr gutes und preiswertes südindisches Restaurant, Anand Bhavan (461/A, King's Circle, Tel. 24015745).

84 [H11] **Copper Chimney** €€€, Hargovindas Bldg., 18, K. Dubash Marg, Kala Ghoda, Fort, Mumbai 400001, Tel. 26236703, 22041661, geöffnet: 12.30–15.30 und 19.30–24 Uhr. Im Copper Chimney gibt es nichts Außergewöhnliches, aber was es gibt, das ist außerordentlich gut. Die Gerichte sind vornehmlich die altbekannten Klassiker aus dem Panjab. Sehr gut sind die Garnelen- und Fischgerichte. Probieren sollte man *Fish Tikka,* marinierter Fisch, der in einem *Tandoor* gebacken wird. Die vegetarische Variante ist *Paneer Tikka,* wobei anstatt Fisch Käsebrocken verwendet werden. Auch diese fallen hier sehr gut aus. Mo bis Fr gibt es mittags ein lohnenswertes Buffet (veg. und non-veg.). Durch ein Fenster kann man den Köchen bei der Arbeit zuschauen, eine lobenswerte, vertrauensbildende Maßnahme.

85 [C3] **Cream Centre** €€€, Fulchand Nivas Bldg., 25/B, Chowpatty Seaface, Mumbai 400007, direkt gegenüber Chowpatty Beach, Tel. 23679222, 23679333, www.creamcentre.com, geöffnet: 12–23.30 Uhr. Blitzeblankes, modernes und helles Restaurant mit erstklassiger indischer Küche und ebenso guten mexikanischen Gerichten, dazu auch Pizzas. Sehr beliebt sind die mexikanischen Nachos, aber ebenso das indische *Paneer Makhanwala,* leicht flockige Käsebrocken in einer perfekt abgestimmten Tomatensoße. Als Nachtisch bieten sich z. B. die in heißer Schokolade schwimmenden Brownies an. Hier schmeckt alles. Die Preise sind relativ hoch (ca. 20 €/2 Pers.), für die Qualität aber nicht zu viel. An Wochenenden und Feiertagen bilden sich abends Warteschlangen an der Tür, mit Wartezeiten

von einer halben Stunde ist zu rechnen. Tischreservierungen sind hier dennoch nicht üblich, man wartet, bis einem ein Platz zugewiesen wird.

86 [C3] **Crystal Restaurant** €, 19, Girgaum Chowpatty, neben Wilson College, Mumbai 400007, Tel. 23691482, geöffnet: Di–So 12–15.30 und 19–23 Uhr. Von außen könnte man das Restaurant leicht übersehen und von innen sieht es aus wie eine Rumpelkammer. Das Interieur des winzigen, zweistöckigen Lokals ist seit wohl Jahrzehnten unverändert, was die Klientel jedoch nicht stört. Crystal kredenzt einfache, aber sehr leckere Panjabi-Hausmannkost, und das zu Preisen, wie man sie bei solcher Qualität in Mumbai nur noch selten findet. Ca. 5 €/2 Pers. Sehr gut sind *Rajma,* Kidneybohnen in scharfer Soße, oder *Paneer Bhurji,* kleingehackter indischer Käse, dem Gemüse und Gewürze beigemengt werden. Das Restaurant ist sehr beliebt bei Studenten des nebenan gelegenen Wilson College und nicht selten trifft man ehemalige Wilson-Studenten, die aus Nostalgie wieder mal einkehren.

87 [F9] **Gaylord Restaurant** €€€, Veer Nariman Rd., Churchgate, Mumbai 400020, Tel. 22044693, 2281259, 22842734, www.gaylordrestaurant.in, geöffnet: 9.15–24 Uhr, Hauptmahlzeiten 12–15 und 19–24 Uhr. Heutzutage lässt der Name Gaylord vielleicht etwas aufhorchen, das Restaurant wurde jedoch 1956 eröffnet und ist in so mancher Hinsicht ein Überbleibsel aus verflossenen Zeiten. Der Vorbau vor dem Hauptgebäude ist eine Art holzumzäunter, überdachter Open-Air-Salon mit Rundtischen und charmant-altmodisch wirkenden Stühlen. Dahinter befindet sich das smarte, helle und moderne Hauptrestaurant. Der Vorbau ist urgemütlich und ein perfekter Ort für ein Frühstück, aber nicht nur das. Bestellt man Kaffee, kann man sich die Tasse mehrmals nachfül-

EXTRATIPP

Shree Thakker Bhojanalaya

Wenn ich ein Lieblingsrestaurant in Mumbai benennen müsste, wäre es wahrscheinlich das „Restaurant des Herrn Thakker“, wie der Name übersetzt lautet. Geboten werden hier ausschließlich **Thalis,** nichts anderes, nicht einmal Tee, aber die Thalis sind so grandios, dass man das Haus nie enttäuscht verlässt. Jeder einzelne Bestandteil ist ein Traum. Nicht umsonst hat das Restaurant schon etliche Mal den Preis für „Die beste Gujarati Thali des Jahres“ gewonnen. Das Essen ist allerdings eine Mischung aus Gujarati und Rajasthani – Besitzer und Bedienung stammen aus Udaipur in Rajasthan –, und somit gibt es nur wenige der süßlichen Curries, die in Gujarat bevorzugt werden. Die *Thali* ist enorm reichhaltig und die netten Bediensteten schaufeln ohne Ende nach. Enthalten sind zahlreiche köstliche Curries, Joghurt und zahlreiche Beilagen, zwei Süßspeisen und drei verschiedene Arten von Fladenbroten (aus Weizenmehl, Hirse und Mais). Die *Thali* kostet ca. 4 €, sonntags etwas mehr, da noch ganz besondere Leckereien aufgetischt werden.

98 [G4] **Shree Thakker Bhojanalaya** €€, Dadiseth Agiary Lane, Kalbadevi, Mumbai 400002, Tel. 22011232, 22088035, 22069916, geöffnet: Mo–Sa 11–15.30 und 19–23 Uhr, So 11–15.30 Uhr. Das Restaurant ist nicht leicht zu finden, das Schild am Eingang ist nur schlecht sichtbar und das Gebäude sieht – wie die meisten in Kalbadevi – so baufällig aus, dass man nie ein Spitzenrestaurant darin vermuten würde. Zur Orientierung diene das schräg gegenüber gelegene Hotel Adarsh Baug (s. S. 116). Abends wollen Taxifahrer aufgrund der Staus nicht gerne in die Gegend fahren. Von Colaba kommt man mit den Bussen Nr. 9 und 124 in die Kalbadevi Rd. und kann ganz nah an Thakker aussteigen.

013mb Abb.: rk

len lassen. Links anschließend befindet sich die Bäckerei Gaylord's The Bake Shop, aus der man sich mit sehr guten Backwaren bedienen lassen kann. Die Hauptmahlzeiten stammen aus der Panjabi- und auch aus westlicher Küche und sind durchweg erstklassig. Besonders gut gelingen die Huhngerichte wie *Murgh Makhani*, „Butter Chicken". Empfehlenswert sind auch die Pastagerichte. Alkohol ist erhältlich.

88 [B2] **Govinda's** €€€, 7, K.M. Munshi Marg, Girgaum Chowpatty, Mumbai 400007, Tel. 23665566-7, geöffnet: 11–15 und 19–23 Uhr. Gleich rechts neben dem Radhagopinath-Tempel 13 befindet sich das hauseigene Restaurant. Dieses bietet eine umfangreiche Speisekarte mit indischen, italienischen und chinesischen Gerichten, dazu die eine oder andere Thai-Speise. Außerdem werden gute Suppen und Salate kredenzt, darunter ein sehr guter Waldorf-Salat. Die indischen Gerichte fallen köstlich aus, bei den italienischen sollte man die Pastagerichte besser auslassen. Die Pizzas sind aber gut – und einer der Gründe, warum hier viele junge Leute essen. Das Pizzabacken wurde den Köchen von italienischen ISKCON-Anhängern beigebracht (ISKCON = International Society for Krishna Consciousness, oft auch „Hare-Krishna-Bewegung" genannt). Im Hintergrund spielt hinduistische Musik – Mantras, Gebete etc. –, was eine angenehme Atmosphäre schafft. Draußen werden an einem Stand leckere Kuchen verkauft.

› **Govinda's,** im Sri Sri Radha Rasabihari Temple 23, Frühstück 7.30–11 Uhr, Mittagsbuffet 12.20–13.30 Uhr, Abendsnacks 16–18 Uhr, Abendbuffet 19.30–22.30 Uhr. Absolut fabelhaftes Essen, vor allem die reichhaltigen Buffets sind ein Hochgenuss. Sonntags fallen sie

Göttlicher Genuss: In den Govinda-Restaurants der Hare-Krishna-Bewegung soll das Essen spirituell läuternd wirken

besonders reichhaltig aus, kosten dann zwar ein wenig mehr als an anderen Tagen, aber besser kann man Geld kaum anlegen.

89 [F1] **Jaffer Bhai's Delhi Darbar,** 195/197 Patthe Bapurao Marg, Mumbai 400004, Tel. 23875656, www.jafferbhaisdelhidarbar.com, 11.30–24 Uhr. Leckere Moghlai-Küche in einem der verrufensten Viertel der Stadt.

90 [G13] **Kailash Parbat** €-€€, Sheela Mahal, 1st Pasta Lane, Colaba, Mumbai 400039, Tel. 22841972, 22874823, geöffnet: 11–23 Uhr. Das Kailash Parbat besteht aus zwei Gebäuden, einem an der südlichen Straßenseite mit einem einfachen Esslokal ohne Klimaanlage, und der smarteren Filiale mit Klimaanlage gegenüber. Serviert wird jeweils die vegetarische Küche der Provinz Sindh (im heutigen Pakistan), dazu gibt es Panjabi-Gerichte. Das Essen ist konstant gut, in der teureren Filiale natürlich etwas besser als in der günstigeren. Letztere bietet aber ein gutes Preis-Leistungs-Verhältnis. Vor der teureren Abteilung werden die leckeren Süßigkeiten verkauft, für die das Kailash Parbat ebenfalls bekannt ist.

91 [H10] **Khyber Restaurant** €€€, 145, M.G. Rd., Kala Ghoda, Fort, Mumbai 400001, Tel. 40396666, 22673227, 22673229, www.khyberrestaurant.com, geöffnet: 12.30–16 und 19.30–24 Uhr. Das Khyber ist eine Klasse für sich, ein Toprestaurant mit einer gediegenen Innenarchitektur, die auch in einem Fünfsternehotel nicht fehl am Platz wäre. Die Innenarchitektur ist am Mogul-Stil angelehnt. Das Essen ist ausgezeichnet. Man versuche *Chicken Kangai,* zartes Hühnerfleisch in einer cremigen Mandelsoße. Das *Shahi Paneer Korma,* indischer Käse in einer milden, cremigen Cashew-Soße, ist absolut wunderbar und mein persönliches Lieblingsgericht hier – wahrscheinlich eines der wenigen Dinge, die ich mit Sir Paul McCartney gemeinsam habe. Als der Ex-Beatle im Khyber einkehrte, war er so begeistert vom *Shahi Paneer Korma,* dass er sich einen großen Behälter damit abfüllen ließ und in sein Privatflugzeug mitnahm. Das Khyber bewirtet häufig V.I.P.s, seien dies westliche Rock- und Filmstars (Bryan Adams, Goldie Hawn, Richard Gere) oder die Heroen Bollywoods. Alkohol jeder Art ist erhältlich. Vorbuchungen sind ratsam, vor allem abends.

92 [H9] **Mahesh Lunch Home** €€, 8B, Cowasji Patel St., Tel. 22870938, www.maheshlunchhome.com, geöffnet: 11.30–16 und 18–24 Uhr, mit mehreren Filialen. Leckeres Seafood nach Rezepten aus der Gegend um Mangalore.

93 [cd] **Mama Kane's** €, 222, Smruti Kunj, Senapati Bapat Marg, Dadar (W), Mumbai 400028, Tel. 24221161, geöffnet: Di–So 10.30–21.30 Uhr. Seit 1910 existiert Mama („Onkel") Kane's, das einfache, aber sehr leckere Speisen und Snacks aus Maharashtra kocht, und extrem preiswert ist es dazu. Unter Maharastriern hat es einen ausgezeichneten Ruf. Zu den Spezialitäten gehören *Aluwadi* (Blätter der Colocasia-Pflanze, die mit Gewürzen bestrichen, zu Rollen geformt und gebraten werden), *Thalipith* (eine Art Vollkornbrot aus fünf Getreidesorten, serviert mit Minz-Chutney) und *Piyush,* ein Getränk aus Buttermilch, *Shrikhand* (ein eingedickter Joghurt mit Safran, Zucker) und weiteren Zutaten. *Thalis* gibt es für unter 1 €.

94 [H12] **Olympia Coffee House** €, Rakim Bldg. 1, Shahid Bhagat Singh Rd., Colaba, Mumbai 400039, Tel. 22021043, 22045220, geöffnet: 7–24 Uhr. Einst war dies ein Parsi-Restaurant, heute ist es in moslemischer Hand und die Kellner mit ihren Bärten und langen afghanischen Kaftanen sehen aus, als hätte man sie frisch aus Afghanistan „importiert". Preiswerter als hier kann man aber kaum an die Fleischgerichte der Mughlai-Küche kommen und alles schmeckt sehr gut. Fleischgerichte ab ca. 1 €. Für weniger als einen halben Euro gibt es den indischen Hausmannslinsenbrei *Dal*, sogar sehr lecker. Das altertümliche Ambiente hat auch etwas für sich, und es ist kein Wunder, dass das Olympia eines der beliebtesten Restaurants in Colaba ist, vor allem bei Leuten mit knappem Budget.

95 [I8] **Pancham Puriwala** €, 8–10, Perin Nariman St. (Bazar Gate St.), Fort, Mumbai 400001, Tel. 22425608, geöffnet: 8–24 Uhr. Sehr gute nordindische Kost zu Spottpreisen offeriert dieses allerdings wenig ansehnliche Restaurant, das so oder in ähnlicher Form schon fast 200 Jahre besteht. Die Hausspezialität ist *Puri Chole,* Kichererbsen in einer scharfen Soße, die mit frittierten Teigbällen gegessen werden. Aber auch die anderen Gerichte sind gut. *Thalis* für weniger als1 €.

96 [F10] **Samrat Restaurant** €€-€€€, Prem Court, Jamshetji Tata Rd., Churchgate, Mumbai 400020, Tel. 42135401-2, geöffnet: 11–23 Uhr. Seit Jahrzehnten ist Samrat für seine *Gujarati Thalis* beliebt (ca. 4,50 €), und wer den Weg nicht ins noch bessere Shree Thakker Bhojanalaya (s. S. 39) findet, sollte sie hier probieren. Es wird nachgefüllt bis zum Abwinken. Viele der Hauptgerichte sind ein wenig ölig, wenn auch sehr lecker. Für Indien-Neulinge wäre *Alu Palak* eine gute Wahl, ein nur leicht gewürzter Spinat mit Kartoffeln. Als Beilage eignet sich ein *Roomali Roti* („Handtuch-Roti"), ein großer dünner und in seiner Konsistenz besonders zarter Teigfladen. Es gibt Bier, aber keine härteren Alkoholika.

97 [I8] **Sher-e-Punjab** €€, 257, Shahid Bhagat Singh Rd., Fort, Mumbai, Tel. 22690431, 22621188, geöffnet: 12–23.30 Uhr. Das Restaurant besteht aus zwei an der Straße gegenüber gelegenen Teilen. In dem an der Ostseite wird auch Alkohol serviert, im anderen nicht, da sich dort oben im Gebäude ein *gurudwara,* ein Sikh-Tempel, befindet. Im „Löwe des Panjab", so die Übersetzung des Restaurant-Namens, gibt es ganz vorzügliche Panjabi-Küche, darunter leckere Kebabs, ein sehr gutes *Murgh Lahsuni* („Garlic Chicken") und zahlreiche ausgezeichnete Gerichte mit *paneer,* der speziellen indischen Käseart. Außerdem stehen ein paar chinesische Speisen auf dem Programm.

99 [G13] **Shubh Sagar** €€, Mistry Chambers, Shop Nr. 5/6, Strand Cinema Rd., Colaba, Mumbai 400005, Tel. 22834929, 22811550, geöffnet: 10–23 Uhr. Eines der beliebtesten Mittelklasserestaurants in Colaba, blitzsauber, mit durchweg guten Speisen und einem höflichen und aufmerksamen Service, der auch in einem Fünfsternehotel nicht fehl am Platze wäre. Serviert werden zahlreiche Klassiker der Udipi-Cuisine, dazu Panjabi-Speisen und einige chinesische Gerichte. Auch das *Pav Bhaji,* eine von Mumbais Snack-Spezialitäten, ist sehr gut: Auf ein weiches Brötchen wird eine rote, herzhafte, buttertriefende Gemüsepaste gestrichen, darauf kommen kleingehackte Zwiebeln und etwas Zitronensaft – köstlich.

100 [B2] **Soam Restaurant** €€, Sadguru Sadan, gegenüber Babulnath Temple, Girgaum Chowpatty, Mumbai 400007, Tel. 23698080. Soam ist eine sehr angenehme Überraschung: Hier versucht man, indische Küche so gesund wie möglich zu präsentieren, und das gelingt auch. Die Speisen zeichnen sich durch ihre relative Leichtheit und Fettarmut aus, dazu werden teilweise Bestandteile wie brauner Reis u. a. verwendet. Manche der Speisen sind ganz eigene Kreationen, besonders die auf der saisonalen Sonderspeisekarte, die alle paar Monate geändert wird. Dazu gibt es unter anderem Eiscremes ohne Zucker, und die sind absolut köstlich. Dem Soam gebührt zweifellos ein Preis für Originalität.

101 [bf] **Swati Snacks** €€, 248, Karai Estate Bldg., gegenüber Bhatia Hospital, Tardeo Rd., Mumbai 400007, Tel. 65808405-6, geöffnet: 11-23 Uhr. Eines der wenigen Restaurants, vor dem sich oft schon mittags Warteschlangen bilden, anstatt wie anderswo abends. Innen ist das Lokal modern und nüchtern ausgestattet, mit Stahltischen und ohne viel Dekoration. Das Essen aber – hauptsächlich Gujarati – ist absolut top. Sehr gut sind z. B. die *Panki,* in Bananenblättern gedämpfte Reiskuchen, *Chilla,* eine Art Fladen aus Linsenmehl mit diversen Füllungen und Minzsoße, oder die cremige, gelbe Süßspeise *Shrikhand,* die oft zusammen mit *Puris,* frittierten Teigballen, gegessen wird.

102 [C3] **Thacker's** €€, Birla Keedra Kendra, Girgaum Chowpatty, Mumbai 400007, Tel. 23649300, geöffnet: 11-15 und 19-23 Uhr. Das Thacker's liegt direkt südlich des Chowpatty Beach und ist eines der feinsten Lokale in dieser Gegend. Das Restaurant ist gediegen eingerichtet und das Essen ist von höchster Qualität. Nichts falsch machen kann man mit den Paneer-Gerichten: Diese indische Käseart ist hier so zart, dass sie praktisch im Mund zerschmilzt. Das *Paneer Makhni,* Paneer in cremiger Soße, ist vielleicht das beste in Mumbai. Auch der *Dal Fry,* eine Art indisches Standardgericht aus gelben Linsen, ist köstlich. Dazu werden ausgezeichnete *Gujarati Thalis* angeboten (ca. 5 €). Ein paar Pastagerichte und Pizzas sind ebenfalls erhältlich. Der nette Manager, Mr. Verma, steht Gästen gerne beratend zur Seite.

103 [I9] **The Excellensea** €€, 317, Bharat House, Shahid Bhagat Singh Rd., Fort, Mumbai 400001, Tel. 22618991, 66359945, geöffnet: 11.30-16 und 17.30-24.15 Uhr. Ein ausgezeichnetes Seafood-Restaurant, das sich in zwei Sektionen aufteilt: eine gediegenere namens Excellensea im 1. Stock, und eine schlicht eingerichtete im Erdgeschoss namens Bharat. Sehr gut ist z. B. *Prawn Gassi,* eine Spezialität aus der Gegend von Mangalore: eine dicke Garnelensoße, die man mit Reis essen kann oder mit *Idlis,* gedämpften, flachen Reisklößen. Generell ist der Stadtteil Fort ein guter Ort für Freunde von Meeresfrüchten.

104 [H10] **Trishna** €€€, 7, Saibaba Marg, Kala Ghoda, Fort, Mumbai 400023, Tel. 22672176, 22614991, 22703231-5, geöffnet: 12-15.30 und 18.15-24 Uhr. Für Fischliebhaber gibt es wahrscheinlich nichts Besseres als Trishna, ein kleines, gar nicht mal allzu nobel wirkendes Restaurant, das sich zudem in einer etwas tristen Gasse versteckt. Besonders gut sind die Krabbengerichte, aber auch die Spezialitäten mit *Pomfret* und *Bombil,* zwei lokalen Fischsorten. Das Restaurant ist meist voll besetzt und eine Vorbuchung wäre kein Fehler. Inder sind späte Esser, und wenn man früh abends kommt, hat man eine gute Chance, auch ohne Buchung einen Platz zu ergattern.

International

105 [I9] **5 Spice Restaurant** €€, 296/A, Perin Nariman St., Sangli Bank Bldg., Fort, Mumbai 400001, Tel. 22666434-5, geöffnet: Mo-Sa 11-23 Uhr. Indische Varianten von chinesischen Gerichten – es klingt merkwürdig, aber genau das serviert 5 Spice. Die Fusion gelingt sehr gut und an Wochenenden sind abends Warteschlangen in Kauf zu nehmen. Die Speisekarte umfasst 220 Hauptgerichte – Huhn, Lamm, Fisch, Garnelen –, die 50 Vorspeisen und Suppen gar nicht erst mitgerechnet. Gleichermaßen groß fallen die Portionen aus. Für Fleischliebhaber eine sehr gute Adresse.

EXTRATIPP

Dinner for One

Alleine hingehen kann man in Mumbai überall. Schlimmstenfalls befürchten die Einheimischen, man könne sich „einsam" fühlen und **nehmen Kontakt auf.** In kaum einem Land ergeben sich Gespräche mit Fremden so leicht wie in Indien. Sich abzuschotten hingegen ist nicht leicht, ausländische Touristen werden tagtäglich von zahlreichen Menschen angesprochen. In den allermeisten Fällen sind die Annäherungsversuche aber nett gemeint.

Gegen den späten Hunger

Die meisten Möglichkeiten zur nächtlichen Speiseaufnahme finden sich in gehobenen Hotels. Zum Beispiel haben der **Aqua Coffee Shop** im Sun 'n' Sand Hotel (s. S. 121), das **Lotus Café** im J.W. Marriott (s. S. 120), das **Shamiana** im Taj Mahal Palace Hotel 8 und das **The Bayview** im Hotel Marine Plaza (s. S. 119) alle 24 Std. geöffnet.

Lokale mit guter Aussicht

- **Café By the Beach** (s. S. 46). Wunderbarer Ausblick auf die Back Bay und die Skyline von Nariman Point.
- **Harbour Bar** (s. S. 49). Erhöhter Ausblick auf Gateway of India, besonders schön am Abend.
- **The Bayview** im Hotel Marine Plaza (s. S. 119). Weiter Ausblick auf die Back Bay.

Obst mit Ehrenkette: Ein Fruchtsafthändler hat seine Mosambis (eine Art Zitrusfrucht) mit einer Blumenkette versehen

106 [H12] **Café Mondegar** €€, Metro House, Shahid Bhagat Singh Rd., Colaba, Mumbai 400039, Tel. 22020591, geöffnet: 8–24 Uhr. Ehemals ein typisches, konservatives Parsi-Restaurant, heute eine Mischung aus amerikanischem Fastfoodrestaurant, englischem Pub, Bar und coolem Traveller-Treff. Die Wände sind mit Gemälden des goanesischen Malers Mario Miranda (1926–2011) verziert, der es wie kaum ein anderer vermochte, indische Alltagsszenen mit viel Humor und Beobachtungsgabe in Bilder umzusetzen. Dazu schmettert eine Jukebox Hits aus den 1970er- und 1980er-Jahren und die Stimmung ist abends meist ziemlich ausgelassen. Das liegt weniger am Essen, sondern an den Krügen mit Bier, die unablässig kreisen. Die speziellen Mondegar-Krüge und andere hauseigene Souvenirs kann man sogar kaufen.

107 [D3] **Little Italy** €€€, Central Plaza Cinema, 265/257 Rammohan Roy Rd. (Charni Rd.), Mumbai 400004, Tel. 23870052–5, www.internationalcuisines.in, geöffnet: 12–15.30 und 18.30–23.30 Uhr. Vegetarisches italienisches Essen? In Indien ist das nicht so ungewöhnlich. Little Italy bietet eine umfangreiche Speisekarte von vegetarischen Gerichten, Pasta, Pizza, Suppen und Salate, alles von sehr guter Qualität. Dazu gibt es Wein. Das Restaurant befindet sich im zweiten Stock eines Gebäudes, in dessen Untergeschoss sich ein vegetarisches indisches Lokal befindet, **Indian Harvest,** und im Stockwerk darüber gibt es das vegetarisch-chinesische **Buddha's Wok.** Da alle Restaurants demselben Besitzer gehören, kann man auch Gerichte aus dem jeweils darüber oder darunter gelegenen Restaurant bestellen. Anders als in den meisten chinesischen Restaurants wird in Buddha's Wok kein MSG (Monosodiumglutamat) verwendet.

108 [H12] **Leopold Café & Bar** €€, Azad Nagar, Colaba Causeway, Colaba, Mumbai 400039, Tel. 22828185, 22020131, www.leopoldcafe.com, geöffnet: 7–24 Uhr. Dieses Restaurant ist schon beinahe eine Sehenswürdigkeit, ist es doch im Roman „Shantaram" (s. S. 107) verewigt, und auch der Autor lässt sich noch gelegentlich hier blicken. Das Leopold stammt aus dem Jahre 1871, begann seinen Ruhmeszug jedoch, als die ersten Westler in großem Stile nach Indien reisten und hier einen Ort fanden, der alkoholische Getränke und auch westliches Essen servierte. Das nach vorne offene Lokal erlaubt zudem einen guten Ausblick auf das Treiben auf Colabas geschäftigster Straße. Am 26.11.2008 war das Lokal die Zielscheibe der Terroristen, die Mumbai zweieinhalb Tage lang in Atem hielten. Sie warfen Handgranaten hinein und schossen aus Maschinengewehren. Zehn Menschen starben. Die Einschusslöcher sind noch heute sichtbar. Schon vier Tage später eröffnete der Besitzer den Laden neu – vermutlich weniger, um den Geldfluss neu zu starten, als aus purem Trotz den Terroristen gegenüber. Heute läuft das Geschäft bei Leopold wie eh und je. Die Speisekarte ist so umfangreich wie ein Telefonbuch, es gibt alles, auf das ein Traveller Appetit haben könnte. Das Meiste bekommt man anderswo wahrscheinlich besser, aber kaum irgendwo ist die Auswahl so groß.

109 [F9] **Pizza By the Bay** €€, Soona Mahal, 143 Marine Drive/Ecke Veer Nariman Rd., Churchgate, Mumbai 400020, Tel. 22820957, www.pizzabythebay.in, geöffnet: 12–24 Uhr. Pizzen, Pasta, Risottos, Suppen, Salate etc. sind gut, aber nicht spektakulär. Dafür ist die Aussicht auf das Treiben am Marine Drive und das Meer sehr gut.

110 [E11] **Spaghetti Kitchen** €€, 1st Floor, CR2 Mall, Inox Bldg., Nariman Point, Mumbai 400021, Tel. 67439429, 67439430, dazu weitere Filialen in Vororten, geöffnet: 12–16 und 19–24 Uhr. Gute Pizzen, Pastagerichte und Risottos, Alkohol jeder Art ist erhältlich, was sich z. B. auch in der sehr guten *Vodka Penne* niederschlägt. Das ansonsten nüchtern und schnörkellos aufgemachte Lokal teilt sich den Eingang mit dem daneben gelegenen **The Coffee Bean & Tea Leaf,** einem modernen Café mit guten Kaffees, Kuchen und dazu WLAN (Tel. 67477669, geöffnet 8–24 Uhr).

014mb Abb.: rk

111 [E11] **Vetro** €€€, The Oberoi, Nariman Point, Mumbai 400021, Tel. 66326215, geöffnet 12.20–14.45 und 19–23.30 Uhr. Vetro ist das wahrscheinlich beste italienische Restaurant in Mumbai, wenn nicht weit darüber hinaus. Zudem bietet es eine große Auswahl an Weinen und anderen alkoholischen Getränken. Besser als hier kann man kaum essen und trinken.

KURZ & KNAPP

Kulhar

Bis in die jüngere Vergangenheit waren *kulhar (kulhad)* überall in Indien verbreitet. Einerseits soll Tee aus einem **Tongefäß** am besten schmecken, anderseits bewahrten die *kulhar* auch vor „spiritueller Verunreinigung“: Da man in einem Lokal nicht sicher sein konnte, dass das Geschirr richtig gesäubert wurde, bestand die Gefahr, dass sich Hochkastige durch den Speichel Niedrigkastiger verunreinigen könnten. Deshalb trank man lieber aus *kulhar*, die nach einmaligem Gebrauch gleich auf den Boden geschmettert wurden. Die Teestände waren folglich stets mit einem Wust von Tonscherben umgeben. So entging der Teetrinker einem spirituellen Desaster und der Töpfer hatte auch wieder Arbeit. Außer in entlegenen Landstrichen sind diese Zeiten nun aber größtenteils vorbei. Heute werden an einfachen Teeständen, auf Bahnhöfen usw. meist kleine Einwegplastikbecher ausgegeben.

Kaffee, Tee, Fruchtsaft, Eis

112 [H5] **Badshah Cold Drink House** €-€€, 115, Umrigar Bldg., gegenüber Crawford Market, Mumbai 400003, Tel. 23421943, geöffnet: 10–23 Uhr. Das Badshah ist beinah selbst ein Wahrzeichen hier am Crawford Market. Die Einheimischen mögen vor allem das *Falooda*, ein Getränk aus Milch, Rosensirup, Vanilleeis, einer Art Vermicelli (Fadennudeln) und anderen Zutaten. Westlern ist es vielleicht zu süß, dafür sind die hausgemachten Eiscremes ausgezeichnet. Man versuche das köstliche Sitafal- oder „Sugar-Apple“-Eis (falls gerade die Jahreszeit dafür ist). Dazu gibt es eine Riesenauswahl an Milkshakes und Fruchtsäften. Empfehlung: *Chikkoo (Chiku) Milkshake*, ein Milkshake mit der feigenähnlichen Zapota-Frucht (süß, zusätzlicher Zucker nicht nötig). Mit nur wenig Milch bereitet ist er beinah so fest wie ein Pudding. Kleine Mahlzeiten (veg.) sind ebenfalls erhältlich.

113 [D4] **Café By the Beach** €€, H2O Watersports Complex, Marine Drive, Girgaum Chowpatty, Mumbai 400007, Tel. 65650040, geöffnet: 11–1 Uhr (Anf. Juni–Ende Sept. geschlossen, Dez. 2012 war zu, 2013 soll aber wieder geöffnet werden). Eine der bestmöglichen Lagen in Mumbai hat sich dieses Open-Air-Café ausgesucht, direkt am einem kleinen Stückchen Strand am Marine Drive mit wunderbarem Ausblick, vor allem zum Sonnenuntergang. Geboten werden Imbisse wie Sandwiches, Hotdogs, Salate, ein paar Pasta- und Fischgerichte und Eiscremes, Kaffee, Tee und „Mocktails“ (alkoholfreie Cocktails). Das Essen ist mittelprächtig, die Lage aber unschlagbar und in ein paar Getränke kann man ruhig investieren.

› **Samovar** €-€€, in der Jehangir Art Gallery (s. S. 53), Tel. 22828000, 22047276, geöffnet: Mo–Sa 11–19.30 Uhr. Das Samovar in der Jehangir Art Gallery war einst das „coolste“ Café der Stadt. Amitabh Bachchan, Bollywoods mittlerweile in die Jahre gekommener Superstar, hat schon hier gegessen, und oft konnte man den Maler M.F. Hussain (1919–2011) sehen, der – wie es so seine Angewohnheit war – stets barfuß erschien. Das Samovar ist heute in die Rubrik „Legende“ eingerückt, sogar ein Buch wurde darüber geschrieben: „The Making of Samovar: How a Mumbai Café Became a Metaphor for a Generation“. Das halboffene Samovar ist langgestreckt, sehr schmal und eng, erlaubt an seiner offenen Seite jedoch den Blick auf etwas Grün, was Einiges wettmacht.

Geboten werden indische Mahlzeiten und Snacks (veg./non-veg.), preiswert und zuverlässig. Besonders gut sind die *Kulfis,* eine Art Eiscreme.

114 [G4] **Shyam Dairy Farm,** 6–23 Uhr. Frische, heiße Milch und andere Milchprodukte in einem traditionellen, schlichten Milchladen.

115 [F9] **The Tea Centre** €€, Ground Floor, Resham Bldg., 78, Veer Nariman Rd., Churchgate, Mumbai 400020, Tel. 22819142, geöffnet: 8.30–22.30 Uhr. Zahlreiche Teesorten bietet dieses gediegene Teehaus, das so bieder eingerichtet ist, dass man sich dem Teetrinken mit allem erforderlichen Ernst widmen kann. Originell ist der *Kulhar Masala Chai,* mit Gewürzen gespickter Tee, der in traditioneller Weise aus einem Tonbecher *(kulhar)* getrunken wird. Erhältlich sind auch zahlreiche Snacks, sehr gut, aber ein wenig teurer als anderswo.

116 [G13] **Theobroma** €-€€, Shop Nr. 24, Cusrow Baug, Shahid Bhagat Singh Rd., Colaba, Mumbai 400039, Tel. 22880101, 65292929, geöffnet: 8.30–23 Uhr. Mit nur vier Tischen und ein paar Quadratmeter Platz ist Theobroma ein Winzling, aber die Kuchen, Brownies und andere Backwaren sind sicher die besten in Colaba, vielleicht in ganz Mumbai. Dazu wird sehr guter Kaffee ausgeschenkt und die Puddings und Mousses können sich auch sehen lassen. Einige warme Mahlzeiten sind erhältlich. Theobroma hat mehrere Filialen, die im Stadtteil Bandra gelegene (Link Square Mall, Linking Rd.) bietet ein besonders reichhaltiges Angebot.

Nahrungsketten: In moslemischen Stadtteilen werden Feigen verkauft, die an Schnüren zu langen Ketten aufgereiht sind

Mumbai am Abend

Nur ein minimaler Prozentsatz von Indern nimmt an einem „Nachtleben“ im westlichen Sinne teil. Alkoholkonsum, Bars, Discos etc. werden von der traditionellen Gesellschaft – und das ist die Mehrheit – nicht mit Wohlwollen betrachtet. Natürlich gibt es aber auch genug Leute, die sich über die gesellschaftlichen Konventionen hinwegsetzen, und es bieten sich ausreichend Möglichkeiten zum nächtlichen Geldausgeben. Die Altersgrenze, ab der **Alkohol** konsumiert werden darf, variiert von Bundesstaat zu Bundesstaat. In Maharashtra (MH) darf ab 21 Jahren Bier getrunken werden, härtere Alkoholika ab 25 Jahren. Für Wein besteht keine offizielle Grenze. Aufgrund eines obskuren Gesetzes von 1949 müssen Bewohner von MH eine *liquor permit,* eine Alkoholerlaubnis, besitzen, um Alkohol trinken bzw. kaufen und transportieren zu dürfen. Ohne diese droht theoretisch eine Gefängnisstrafe von 6 Monaten. Ausländer brauchen sich um diese Spielverderberei nicht zu kümmern.

Smoker's Guide

Seit 2008 ist in Indien das Rauchen an vielen **öffentlichen Orten verboten.** Darunter fallen Restaurants, Klubs, Bars, Discos, Taxis, Büros von Privatgesellschaften und Regierungsämter. Auf der Straße darf geraucht werden, außer in ausgezeichneten **rauchfreien Zonen.** In Mumbai wird das Verbot relativ gut befolgt, zumindest für indische Verhältnisse. Wer erwischt wird, zahlt ₹ 300 Strafe.

In **Hotellobbys** ist das Rauchen nicht gestattet. Im Zimmer unterliegt man dem Verbot nicht, in manchen Hotels wird man aber gebeten, beim Rauchen das Fenster zu öffnen.

016mb Abb.: rk

Pubs, Bier, Wein …

117 [H11] **Cerveza,** 38, K. Dubash Marg, Kala Ghoda, Fort, Mumbai 400001, Tel. 22818572, geöffnet: 15–1 Uhr. Eine kleine Bierstube mit einer Weltkarte an der Wand, auf der Fakten und Zitate über Biere eingetragen sind, und auch die Bierkarte liest sich wie eine Weltumrundung. Ausgeschenkt werden Amstel, Asahi, Birra Moretti, Chimay, Duvel, Fuller's London Pride, Heineken, Hoegaarden, Guinness, Kingfisher, Leffe, Murphy's Irish Stout, San Miguel, Saison Dupont, Stella Artois u.v. a., dazu Cocktails. Die Auswahl an Bieren ist wahrscheinlich die größte in Mumbai. Preis ca. 2,50 bis 7 €/pro Krug oder Glas. Das indische Kingfisher ist am billigsten. Wie in vielen Zechlokalen in Indien ist es auch hier drinnen stockduster, dazu wird man abends mit lauter Musik bombardiert.

118 [H12] **Gokul Restaurant & Bar,** 10, Tulloch Rd., Colaba, Mumbai 400039, Tel. 22848248, geöffnet: 11–1 Uhr. Rau, derb und billig, so könnte man dieses Zechlokal am besten beschreiben, dessen Klientel fast ausschließlich männlich ist und für wenig Geld einen ordentlichen Kick sucht. Essen ist erhältlich und trotz Verbots wird ordentlich

gequalmt – und oft betrunken gegrölt. Dieses ist ein Ort, den „man(n)" am besten ohne Frau oder Freundin besucht.

› **Harbour Bar,** Taj Mahal Palace Hotel 8, Tel. 66653366, geöffnet: 11.30–15.30 und 18.30–1 Uhr. 1933 eröffnet und damit Mumbais älteste Bar, elegant und gediegen, mit leiser Musik im Hintergrund, die kaum das Geräusch überdeckt, wenn der Barmann einen der klassischen Martinis zubereitet. Die Spezialität ist *Smoking Martini,* Wermut mit einem Spritzer Whisky und Smirnoff Black. Von der Bar ergeben sich gute Aussichten auf den Gateway of India.

119 [H12] **Indigo,** 4, Mandlik Rd., Colaba, Mumbai 400039, Tel. 66368980, 66368999 (10–1 Uhr), www.foodindigo.com, geöffnet: 19.30–1 Uhr. Eine der besten Bars der Stadt, untergebracht in einem kleinen Kolonialbau und mehrmals vom Magazin *Wine Spectator* mit Preisen ausgezeichnet. Gemixt werden Mageritas mit frischem Fruchtsaft, ein toller *Sour Apple Martini* und viele andere Cocktails, dazu gibt es Grappas, ein gutes Sortiment an Cognac, seltene und teure Whiskysorten und exquisite Weine. Man kann draußen sitzen, in der Bar (an Wochenenden sehr voll) oder aber in der Black Lounge im ersten Stock, in der es generell etwas ruhiger zugeht. Zigarrenraucher dürfen sich im gut bestückten Humidor bedienen. Zu den Getränken gibt es originelle Speisekreationen.

120 [F9] **Mocha Bar,** 82, Nagin Mahal, Veer Nariman Rd., Churchgate, Mumbai 400020, Tel. 66336070, www.mocha.co.in, geöffnet: 10–1.30 Uhr. Sehr beliebt bei jungen Leuten, mit exzellentem Kaffee, Snacks und reichlicher Auswahl an alkoholischen Getränken von Bier zu Wein und Cocktails. Der Hausrenner ist der *Choco Latte,* ein doppelter Espresso mit Schokolade, Schokosirup und Schlagsahne. Bis vor Kurzem kreisten hier die *Hookahs* (Wasserpfeifen), das ist aber heute per Gesetz verboten. Mocha hat mehrere Zweigstellen in Vororten, diese bieten aber nicht alle die gleiche Auswahl an Alkoholika.

067mb Abb.: rk

Goldener Abend: Sonnenuntergang am Marine Drive 11

121 **Toto's Garage,** 30, Lourdes Heaven, Pali Naka, Bandra (W), Mumbai 400050, Tel. 26005494, 26006429, geöffnet: 18–1 Uhr. Von der Decke hängt ein alter VW-Käfer und der DJ sitzt in einem Lieferwagen der Marke Maruti. Außer der Autothematik gibt es hier keine Schnörkel, es wird fröhlich gezecht (preiswert und gut), gegessen (nicht ganz so gut) und man lauscht der Musik, falls man sie bei den alkoholisierten Konversationen wahrnimmt. Gespielt wird Classic Rock, Bollywood bleibt ausnahmsweise außen vor. Toto's ist informell, locker und freundlich.

› **Vetro** (s. S. 45). Das wohl beste italienische Restaurant in Mumbai bietet eine Auswahl von 180 exzellenten Weinen, vor allem aus Italien, dazu ein umfangreiches Sortiment an Champagner, Grappa, Limoncello, Amaretto, Prosecco und Cocktails.

122 Vie Lounge & Deck, 102, Juhu-Tara Rd., Juhu, Mumbai 400054, Tel. 26603003, 26604884, www.vie.co.in, geöffnet: 17–1.30 Uhr. Open-Air-Bar und Lounge mit Musik vom DJ, Tanzfläche und Sitzgelegenheit direkt am Strand. Vie wurde in der jüngeren Vergangenheit mehrmals geschlossen und neu eröffnet, da die Besitzverhältnisse des Gebäudes umstritten waren. Derzeit sollte es geöffnet sein.

123 [H11] **Woodside Inn,** Indian Mercantile Mansion, Wodehouse Rd., Colaba, Mumbai 400039, Tel. 22875752, www.woodsideinn.in, geöffnet: 11.30–1.30 Uhr. Kleiner Pub mit günstigen Getränkepreisen, harte Drinks ab ca. 1,30 €, Wein ab ca. 3 €, ein gemütlicher Ort, um aufzutanken. Essen ist erhältlich, besonders beliebt ist das *Harissa Grilled Chicken.*

Klubs, Discos und Livemusik

124 [ce] **Blue Frog Club,** Mathuradas Mills Compound, Lower Parel, Mumbai 400013, Tel. 40332300, 65251716, www.bluefrog.co.in, geöffnet: Di–So 18.30–1.30 Uhr. Hier geht es in erster Linie um Livemusik. In dem großen, attraktiv gestalteten Klub sind schon John McLaughlin, Anushka Shankar und Zakir Hussein aufgetreten. Di bis Fr spielen von 19.30 bis 20.30 Uhr neue, junge Bands, um 22 Uhr startet das Hauptprogramm. Die Bar bietet ein Riesenangebot an Cocktails und sonstigen Alkoholika und dazu gibt es ein Restaurant mit hauptsächlich westlicher Küche.

125 Enigma, J.W. Marriott, Juhu-Tara Rd., Juhu, Mumbai 4000049, geöffnet: Mi–Sa 10.30–3 Uhr. Die coolste Disco in Nord-Mumbai, opulent und extravagant, inklusive massivem Kronleuchter über der Bar. Gelegentlich lässt sich der eine oder andere Bollywoodstar blicken. Der DJ spielt Pop, Hip-Hop, R&B, und die neusten Bollywoodhits.

126 [cd] **Hard Rock Café,** Bombay Dyeing Mill Compound, Pandurang Budhkar Marg, Worli, Mumbai 400025, Tel. 24382888, 66155975, geöffnet: 12–1.30 Uhr, Happy Hour Mo–Do 16–20 Uhr. Teil der bekannten Hard-Rock-Kette mit amerikanischem Essen, das in Riesenportionen serviert wird, und Rockmusik. Wie in allen Filialen sind einige Rocksouvenirs ausgestellt, in diesem Fall ein Versace-Anzug von Eric Clapton und die Hot Pants der Spice Girls. Di und Do ab 21.30 Uhr gibt es Livemusik von recht guten Rockbands.

127 [F9] **Not Just Jazz By the Bay** €€€, Soona Mahal, 143, Marine Drive/Ecke Veer Nariman Rd., Churchgate, Mumbai 400020, Tel. 22851876, 22820957, geöffnet: 12.30–15.30 und 18–1.30 Uhr. Einer der preiswertesten Orte für Livemusik, Do bis Sa gibt es abends Livejazz, So bis Mi Karaoke, dazu jeweils Essen und Getränke zu erträglichen Preisen. Wer eine Pizza o. Ä. benötigt, kann sich gleich nebenan bei Pizza By the Bay (s. S. 45) bedienen.

Heldenverehrung: Die Büsten und Statuen bekannter Persönlichkeiten – hier die des Gründers der Kharegat Parsi Colony – verschönern so manchen öffentlichen Platz

017mb Abb.: rk

Theater und Tanz

Viele der Teathervorstellungen in Mumbai sind auf Hindi, Marathi oder Gujarati, einige auf Englisch. Das aktuelle Theaterprogramm findet man unter www.mumbaitheatreguide.com oder im Stadtmagazin TimeOut Mumbai (s. S. 105).

128 Prithvi Theatre, 20, Janki Kutir, Juhu Church Rd., Juhu, Mumbai 400049, Tel. 26149546, www.prithvitheatre.org, geöffnet: an den meisten Tagen ein bis drei Vorstellungen. Ein intimes kleines Theater mit 200 Sitzplätzen, gegründet 1944 und im Besitz der *Kapoor*-Familie, die zahlreiche Bollywoodstars hervorgebracht hat. Hier aber wird anspruchsvolle Kost geboten. Aufführungen in Hindi oder Englisch (Programm siehe Website).

129 [D11] **Tata Theatre,** NCPA Complex, Nariman Point, Mumbai 400021, http://www.ncpamumbai.com/facilities/auditoriums/tata-theatre, Tel. 22833737. Auditorium mit 1010 Sitzplätzen, Theater-, Tanz- oder Musikdarbietungen.

Mumbai für Kunst- und Museumsfreunde

Museen

130 [H11] **Chhatrapati Shivaji Vastu Sangrahalaya (ehem. Prince of Wales Museum),** 159/161 M.G. Rd., Fort, Mumbai 400023, Tel. 22844484, www.themuseummumbai.com, geöffnet: Di–So 10.15–18 Uhr, außer an einigen Feiertagen, Eintritt (inkl. Audioguides, auch auf Deutsch): ca. 4 €, Kinder bis 12 Jahren ein paar Cent, Extragebühren für Kamera- und Videobenutzung. Mumbais größtes Museum sieht von außen wie ein Mogul-Palast aus und ist mit einer einzigartigen Sammlung gesegnet. Die Rüstung des alten Mogul-Herrschers Akbar ist ebenso zu sehen wie religiöse Skulpturen, alte Münzen, Textilien, Gemälde, moderne Kunstwerke u.v. a. An Wochenenden und Feiertagen wird es sehr voll. Der lange Name bedeutet übrigens schlicht „Chhatrapati-Shivaji-Museum“.

Mumbai für Kunst- und Museumsfreunde

024mb Abb.: rk

131 [cf] **Dr. Bhau Daji Lad Museum,** Jijamata Udyan, Dr. Babasaheb Ambedkar Marg, Byculla, Mumbai 400027, www.bdlmuseum.org, Tel. 23731234, 65560394, geöffnet: Do–Di 10–17.30 Uhr, außer an einigen Feiertagen, Eintritt: ca. 1,40 €, Kinder bis 15 Jahre die Hälfte. Mumbais ältestes Museum aus dem Jahr 1855 wurde in den Jahren 2003 bis 2007 prachtvoll restauriert, worauf es eine Auszeichnung der UNESCO einheimste. Das Gebäude allein ist schon den Besuch wert. Ausgestellt sind Modelle historischer Boote, Dörfer, Kleidungsstücke diverser Regionen, kunsthandwerkliche Objekte, Gemälde aus dem 19. Jh. u. a. Das Museum ist am besten in Kombination mit dem Jijamata Bhosle Udyan 21 zu besuchen.

132 [B1] **Framji Dadabhoy Alpaiwalla Museum,** Khareghat Memorial Hall, Khareghat Parsee Colony, N.S. Patkar Marg, Mumbai 400007, Tel. 23616586, geöffnet: 10.30–13.30 und 14.30–17.30 Uhr. Kleines Museum, das sich vor allem den Parsen widmet und aus der Privatsammlung von F.D. Alpaiwalla hervorgegangen ist, der so besessen von seiner Sammelleidenschaft war, dass sie ihn in den Bankrott trieb. Das Museum besteht nur aus einem einzigen Raum, der aber mit wertvollen Antiquitäten, zahlreichen Relikten aus dem alten Persien, alten Schriften, Fotos und Dokumenten vollgestopft ist, dazu sind viele Alltagsobjekte der Parsen, Kleidung, Haushaltsgeräte u. a. zu sehen. Das Museum ist normalerweise verschlossen, man bitte die Kuratorin, Mrs. Mehta, die rechts daneben in ihrem Büro sitzt, um Einlass.

133 [B2] **Mani Bhavan Gandhi Sangrahalaya,** 19, Laburnum Rd., Gamdevi, Mumbai 400007, Tel. 23805864, www.gandhi-manibhavan.org, geöffnet: 9.30–18 Uhr, Eintritt frei. In dem kurz meist „Mani Bhavan" genannten Haus wohnte zwischen 1917 und 1934 Mahatma Gandhi. Heute ist hier ein Museum eingerichtet, das den Lebensweg der „Großen Seele" *(Mahatma)* Gandhi nachzeichnet. Zu sehen sind zahlreiche Fotos, zeitgenössische Zeitungsausschnitte und Dokumente. In 28 Schaukästen werden durch Puppen wichtige Stationen in Gandhis Leben nachgestellt. Das Ganze ist gut gemacht

Mani Bhavan: Am Eingang des Gandhi-Museums steht eine lebensechte Figur des indischen „Vaters der Nation"

Martialisches Erinnerungsstück: ein altes Kanonenrohr am Dr. Bhau Daji Lad Museum

und nicht so kitschig, wie es vielleicht klingt. Am interessantesten aber ist wohl das Zimmer, in dem Gandhi die meiste Zeit verbrachte: Es ist so erhalten, als ob er noch darin leben würde: mit dem alten Spinnrad, auf dem er Wolle spann, und seinen Latschen, die vor dem Bett abgestellt sind. Angeschlossen sind eine Bibliothek mit Tausenden von Büchern über Gandhi und ein Verkaufsstand, an dem man Gandhi-Briefmarken, -Fotos, -Figuren oder -Literatur erstehen kann.

134 [I9] **RBI Monetary Museum,** Amar Bldg., Sir Pherozeshah Mehta Rd., Fort, Mumbai 400001, Tel. 22614043, www.museum.rbi.org.in, geöffnet: Mo–Sa 10.45–17.15 Uhr, Eintritt: frei. Ein kleines Museum der Reserve Bank of India, das sich den indischen Zahlungsmitteln der Vergangenheit widmet, von 2500 Jahre alten Münzen aus der Gupta-Periode zu lokalen indischen Münzprägungen und Anleihen, die Kriegszüge der East India Company finanzierten. Der Besuch könnte mit dem Spaziergang auf Seite 11 (2. Tag) kombiniert werden.

Kunstgalerien

135 [H11] **Jehangir Art Gallery,** M.G. Rd./Ecke K. Dubash Marg, Fort, Mumbai 400001, Tel. 22843989, geöffnet: 11–18 Uhr. Mumbais wichtigste Galerie eröffnete 1952. Wechselausstellungen und Café Samovar (s. S. 46).

136 [H10] **Moksh Art Gallery,** gegenüber dem Restaurant Trishna, Kala Ghoda, Fort, Mumbai 400023, Tel. 30207218, www.mokshartgallery.com, geöffnet: 10–18 Uhr. Gemälde moderner indischer Maler und Kunsthandwerkliches.

137 [be] **Nehru Art Gallery,** Dr. Annie Besant Rd., Worli, Mumbai 400018, Tel. 24963426, www.nehru-centre.org/artgallery.html. Kunstgalerie, die sich der Förderung junger Talente verschrieben hat.

138 [H12] **Sakshi Gallery,** 11-A, Wodehouse Rd. , Tanna House, Ground Floor, Colaba. Mumbai 400039, Tel. 66103424, www.sakshigallery.com, geöffnet: 11–18 Uhr. Ausstellungen mit zeitgenössischer Kunst.

068mb Abb.: rk

Die Horniman Circle Gardens sind ein guter Ort zur Entspannung

Mumbai zum Träumen und Entspannen

Mumbai ist im Grunde eine Stadt, die nie entspannt, und geträumt wird vor allem vom wirtschaftlichen Erfolg. Kein Wunder, dass die Göttin Mahalakshmi, die Göttin des Geldes und materiellen Erfolgs, so beliebt ist.

Die vielen gestressten Angestellten, die irgendwo auf einer Parkbank, im Bus oder Zug einnicken, sind ein deutliches Symptom. Zum Entspannen gibt es nur wenig Raum. Ich persönlich greife mir gerne einen Stapel Zeitungen und mache es mir in den **Horniman Circle Gardens** (s. S. 65) oder **Hanging Gardens** ⓮ bequem. Wenn es ein Restaurant oder Café sein soll, verdrücke ich mich ins morgendliche **Café Ideal** (s. S. 38). Im Folgenden sind einige weitere Orte aufgeführt, die bei einem Mumbai-Besuch etwas Entspannung versprechen.

- **Banganga Tank** ⓯. Entspannung in religiös geprägter Umgebung und mit zahlreichen kleinen Tempeln im Umfeld.
- **Hanging Gardens** ⓮. Mumbais relativ gepflegter, luftiger Vorzeigepark, sehr erholsam, falls man einen der wenigen Plätze im Schatten ergattert.
- **Jijamata Bhosle Udyan** ㉑. Zoo samt Park, etwas ungepflegt, aber irgendwie urig.
- **Lokmanya Bal Gangadhar Tilak Udyan**, geöffnet: 6–10 und 16–21 Uhr. Recht netter Minipark am Chowpatty Beach ⓫, errichtet um die Stelle, an der die sterblichen Überreste des Freiheitskämpfers B.G. Tilak eingeäschert wurden, und vom Großunternehmen Godrej instandgehalten.
- **Marine Drive** ⓫. Prachtpromenade am Meer, perfekt für gemächliche Spaziergänge oder einfach zum Abhängen.

Am Puls der Stadt

026mb Abb.: rk

Das Antlitz der Metropole

Für viele Erstbesucher ist Mumbai ein Kulturschock im Reinformat. Man hat viel gehört von dieser Stadt, die die reichste Indiens sein soll, die die Heimat zahlreicher Milliardäre und des glamourösen Bollywood ist, die Stadt, deren Bürgersteige im übertragenen Sinne mit Gold gepflastert sein sollen – doch der erste Eindruck signalisiert alles andere als Wohlstand. Was sich einem eröffnet, sind riesige Menschenmassen und Verkehrschaos, dazu ganze Stadtteile, die kurz vor dem Kollaps zu stehen scheinen.

Mumbais **Infrastruktur**, die Straßen, Häuser und Wasserversorgung, sind schlecht, teilweise sogar schockierend schlecht. Jahrzehnte von Vernachlässigung durch korrupte Politiker sowie allgemeine Nonchalance und der Mangel an Bürgersinn haben tiefe Narben hinterlassen. Wie so oft täuscht der erste Blick jedoch, und in Mumbai ganz besonders: Hinter seiner bröckelnden Fassade fließt tatsächlich das **Geld**, sehr viel Geld. Nirgends in Indien gibt es mehr Geschäftsunternehmen und etwa ein Drittel der gesamten indischen Steuereinnahmen werden in Mumbai erwirtschaftet. Über 90 % aller kommerziellen Geldtransfers in Indien werden in Mumbai getätigt. Irgendeine Arbeit findet sich in der Boom-Stadt immer, und es gibt zahllose Beispiele von Menschen, die es hier zu Reichtum und Ansehen gebracht haben. Für viele Inder aus dem Hinterland ist Mumbai somit das **Sprungbrett in ein besseres Leben**, und die oft ärmlichen Behausungen täuschen darüber hinweg, dass der Boden, auf dem sie stehen, Gold wert ist. Die **Grundstückpreise** der Stadt gehören zu den höchsten in der Welt und spielen in der gleichen Liga wie Tokio, Hongkong, Moskau, New York oder London. Mumbai ist etwa so wie ein Bettler, der jämmerlich in Lumpen daherkommt, in einem Versteck aber ein Vermögen verbuddelt hat.

Geografisch ist Mumbai eine Insel, deren Vororte sich bis auf das Festland erstrecken. Inklusive der Vororte ist sie etwas größer als Berlin, beherbergt aber **20 bis 22 Mio. Einwohner** – niemand kennt die genaue Zahl. Täglich treffen Tausend oder mehr Migranten aus anderen Landesteilen ein und mischen sich unter die **Mumbaikars**, die Bewohner von Mumbai. Die Zahl der Zuwanderer soll bis zu

LITERATURTIPP

Behind the Beautiful Forevers

Die Autorin erzählt die Geschichte von Bewohnern des Annawadi-Slums in Mumbai, die am Rande des aufstrebenden Indiens ums Überleben und Weiterkommen kämpfen. Dies ist keine trockene soziologische Studie, sondern eine spannende Erzählung, die dem Leser die Menschen mit ihren Sorgen und Träumen sehr nahe bringt.

› **„Behind the Beautiful Forevers“** von Katherine Boo, verlegt von Hamish Hamilton, 2012. Deutsche Ausgabe: „Annawadi oder der Traum von einem anderen Leben“ verlegt bei Droemer, 2012.

[<] *Vorseite: Mumbais Stadtlandschaft bietet einige denkwürdige Anblicke*

[>] *Ein Gärtner verhilft einer Bettlerin zu etwas Trinkwasser*

500.000 pro Jahr betragen. Kein Wunder also, dass Wohnraum das begehrteste Gut ist. Eine Slumhütte von sechs oder acht Quadratmetern kann einige Hunderttausende Rupien wert sein.

Offiziell bestehen über 60 % der Fläche Mumbais aus Slums oder Slum-ähnlichen Behausungen. Das Wort „Slum" kann aber missverständlich sein: Die Behausungen wirken ärmlich, haben wahrscheinlich kein fließendes Wasser und die dort lebenden Menschen müssen sich eine Gemeinschaftstoilette teilen. Anderseits gehen die meisten Bewohner einer geregelten Arbeit nach und morgens kann man die Kinder beobachten, die mit sauberen und frisch gebügelten Schuluniformen fröhlich den Schulweg antreten. Geld zu verdienen, ist relativ leicht in Mumbai, eine gute Wohnung zu bekommen, erfordert aber ein Vermögen.

Das Paradebeispiel eines Slums ist **Dharavi**, mit geschätzten 600.000 bis 1 Mio. Einwohnern oft als größter Slum Asiens bezeichnet. Statt Stumpfheit und Resignation begegnen einem hier Fleiß, Ehrgeiz und Optimismus. Dharavi ist die Heimat zahlloser kleiner Geschäftsunternehmen und im Gegensatz zu den reichen Mumbaikars, die anonym in einem der neuen Luxushochhäuser wohnen, existieren hier enge nachbarschaftliche Strukturen.

Die **besseren Viertel der Stadt** befinden sich vornehmlich im Westen, nahe oder an der Küste des Arabischen Meeres, oder an der Südspitze. Wer eine Wohnung am Marine Drive besitzt, an Peddar Road, in Breach Candy, Walkeshwar, Bandra (W) oder Juhu, gehört möglicherweise zu den Großverdienern.

Mumbai unterteilt sich in **Nord-Mumbai** und **Süd-Mumbai.** Die Trennlinie ist der Mahim Creek. Süd-Mumbai, in Hipster-Sprache auch „SoBo" genannt, ist der ältere Teil, in dem sich auch die alten Kolonialbauten befinden und die meisten Touristen absteigen. Im Norden befinden sich zwar die teuren Stadtteile Bandra und Juhu, noch weiter in Norden aber

00#ro Abb.: nw

auch die relativ neu bebauten, erschwinglicheren Vorstädte. Als Alternative zum überfüllten Mumbai wurde auf dem Festland die **Trabantenstadt Navi Mumbai** („Neu-Mumbai") geschaffen.

Niemand in Mumbai wohnt teurer als der Industriemagnat **Mukesh Ambani**, der reichste Mann Indiens. Sein Wohnhaus „Antilia" in der Altamount Rd. kostete ca. 700 Mio. € und ist damit die teuerste Privatresidenz der Welt. Das Haus hat 27 Stockwerke, 170 Autostellplätze und beschäftigt 600 Angestellte. Ambanis Bruder Anil ist ebenfalls vielfacher Dollar-Milliardär und die Familie eine der reichsten der Welt. Vater Dhirubhai Ambani stammte aus einfachen Verhältnissen, begründete das Unternehmen „Reliance Industries" und wurde zum Protagonisten einer strahlenden indischen Erfolgsgeschichte. So wie er möchten es auch diejenigen schaffen, die in Mumbai frisch aus dem Zug steigen und erst einmal namenlos und gesichtslos in den Menschenmassen untertauchen.

EXTRAINFO

Mumbai in Zahlen

- **Bevölkerung:** ca. 20–22 Mio.
- **Religionszugehörigkeit:** Hindus 68 %, Moslems 17 %, Christen 4 %, Buddhisten 4 %. Sikhs, Parsen, Juden u. a. 7 %
- **Fläche:** 603 km², dazu 370 km² in Vororten (Vergleich Berlin: 887 km²)
- **Bevölkerungsdichte:** ca. 22.000/km² (Vergleich Berlin: 4103/km²)
- **Anteil der Bevölkerung in Slum-ähnlichen Behausungen:** ca. 62 %
- **Offene Flächen, Wasserflächen, Grünflächen:** 6 % (Vergleich Berlin: ca. 36 %)

Von den Anfängen bis zur Gegenwart

Mumbai ist eine relativ junge Stadt, die erst in der britischen Kolonialzeit wirtschaftlich aufzublühen und zu wachsen begann. Auch ihre physische Form hat Mumbai den Briten zu verdanken: Durch Landaufschüttung verbanden die Kolonialherren die ursprünglich sieben Eilande, die zu der Stadt gehörten, zu einer einzigen Insel und das neuzeitliche Bombay/Mumbai war geboren.

1507 Neun Jahre nachdem die Portugiesen zum ersten Mal in Indien an Land gegangen waren, erreichen sie die Gegend des heutigen Mumbai, die von einem Sultan aus Gujarat beherrscht wird, und versuchen, die Gegend in Besitz zu nehmen.

1534 Die Auseinandersetzungen ziehen sich hin und zermürben die örtliche Bevölkerung. Der Enkel des Sultans beschließt, den Portugiesen die sieben Inseln zu geben, aus denen später Bombay werden wird. Die Portugiesen verpflichten sich ihrerseits, den Herrscher im Kampf gegen den Mogul-Feldherrn Hamayun zu unterstützen, der in Gujarat eingedrungen ist. Die Portugiesen nennen ihr neues Besitztum *Bom Baia*, „Gute Bucht".

1661 Im Ehevertrag zwischen Charles II. von England und Prinzessin Catherina de Braganza von Portugal werden die sieben Inseln als Teil der Mitgift der Krone von England überschrieben.

1672–75 Dem englischen Gouverneur Gerald Augier schwebt eine Vision von Bombay als Handelsmetropole vor. Er lädt indische Schiffbauer und Handwerker ein, die frei und ohne Gefahr, zum Christentum übertreten zu müssen, ihrem Schaffen nachgehen dürfen. Die Bevölkerung wächst rapide. 1675 hat Bombay 60.000 Einwohner.

Ende 17. Jh. Nicht nur Inder strömen herbei, auch Armenier, Juden und Kaufleute aller Nationalitäten.

1735 Das lukrative Schiffbauwesen wird von Surat nach Bombay verlegt. Das Gewerbe befindet sich in den Händen der Parsen (s. S. 66).

1746 Die Engländer bauen ein portugiesisches Fort aus, um sich gegen Angriffe der Marathas zu verteidigen, die weite Teile des Binnenlandes beherrschen.

1784–1854 Durch Landaufschüttungen, zu denen Tausende von Arbeitern aus anderen Landesteilen hergeholt werden, werden die sieben Inseln zu einer einzigen Insel vereint.

1854 Die erste Textilfabrik wird eröffnet, der Vorläufer für viele weitere.

Zweite Hälfte des 19. Jh. Bombay wird mit zahlreichen Prachtbauten verschönert, die die Macht des Britischen Empires demonstrieren sollen. 1891 zählt die Stadt 820.000 Einwohner.

1912 Die Einwohnerzahl erreicht 1 Mio.

1944 Das im Hafen liegende Frachtschiff „Fort Stikine", das u.a. 1400 t Munition geladen hat, explodiert. Offiziell kommen etwa 800 Menschen ums Leben, möglicherweise sind es doppelt so viele.

1947 Indien erlangt die Unabhängigkeit. Bombays Bevölkerung beträgt ca. 2 Mio.

1992–93 Infolge der Zerstörung der Babri-Moschee in Ayodhya durch Hindu-Fanatiker kommt es in Bombay zu Ausschreitungen zwischen Moslems und Hindus. Etwa 900 Menschen kommen ums Leben, in der Mehrheit Moslems.

1993 Bombay wird zum ersten Mal Opfer einer großangelegten Terroraktion. An dreizehn Orten explodieren Bomben, darunter an der Börse und im Air-India-Gebäude. 257 Menschen sterben. Die Attentate sind Vergeltung für die Zerstörung der Babri-Moschee und die moslemischen Opfer von 1992/93. Als Drahtzieher gilt der in Dubai lebende Mafiaboss Dawood Ibrahim.

028mb Abb.: rk

1996 Auf Drängen der nationalistisch gesinnten Partei Shiv Sena wird Bombay in Mumbai umgetauft. In der Alltagssprache jedoch wird noch weitgehend der alte Name benutzt.

1993–2007 Mumbai wird wiederholt Zielscheibe von Terrorattacken.

2005 Am 26.7. verzeichnet Mumbai innerhalb von 24 Std. den höchsten Regenfall, der weltweit jemals gemessen wurde (994 mm). Es kommt zu katastrophalen Überschwemmungen, denen 546 Menschen zum Opfer fallen.

2008 In einer konzertierten Aktion greifen Terrorkommandos, die von Pakistan und von See aus eingedrungen sind, mehrere Ziele in Mumbai an: den Chhatrapati Shivaji Terminus 9, das Oberoi Hotel (s. S. 120), das Taj Mahal Hotel 8, Leopold Café & Bar (s. S. 45) und das jüdische Chabad-Center. Nach 72 Stunden Belagerung sind 180 Tote zu beklagen.

2009–2012 Mumbai genießt eine weitgehend friedliche und terrorfreie Periode und die Wirtschaftskraft der Stadt und der optimistische Geist seiner Bewohner sind ungebrochen.

Nach den Terroranschlägen von 2008 bepinselten Bürger Mauern mit aufrührerischen oder versöhnlichen Botschaften

Leben in Mumbai

Das Leben eines Touristen in Mumbai, in einem guten Hotel und mit Mahlzeiten in den besten Restaurants, kann die helle Freude sein – für den durchschnittlichen Bewohner der Stadt jedoch ist das Leben vor allem durch eines gekennzeichnet: Stress.

Millionen von Pendlern fahren in den vollgestopften Zügen zur Arbeit, meist muss man erst per Bus zum Bahnhof und am Ankunftsbahnhof noch einmal mit einem Bus weiterfahren. Viele **Pendler** brauchen täglich 3 bis 5 Stunden für Hin- und Rückfahrt. Somit sind sie vielleicht 12 bis 15 Stunden außer Haus – eine Tatsache, die zum Teil die zahlreichen Restaurants und Essenstände erklärt.

Zum Stress in den überlasteten Verkehrsmitteln kommt der „Wohnungsstress", denn nur die Reichen können sich eine komfortable **Wohnung** in den zentralen Stadtteilen leisten. Für einen normalen Arbeitnehmer ist es heute fast unmöglich, sich eine eigene Wohnung zu kaufen, es sei denn weit außerhalb der Stadt, vielleicht in Thane oder Panvel, von wo aber wieder weitere Anfahrwege in Kauf genommen werden müssen. Gesegnet ist der, der vor 20 oder 30 Jahren eine Wohnung gekauft hat, als die Preise noch erschwinglich waren.

Zu all diesen Sorgen kommen hohe Stromrechnungen (die bei Betrieb einer Klimaanlage leicht europäisches Niveau überschreiten), Schul- oder Universitätsgebühren für die Kinder, stetig steigende Nahrungsmittelpreise, die generell hohe Inflation und eventuell noch die Aussteuer für die Tochter. In traditionellen Gesellschaftsschichten müssen die Eltern der Braut an den Bräutigam eine Mitgift entrichten. Selbst in den allerärmsten Schichten liegt diese heute nicht unter ₹ 100.000 (ca. 1400 €), in den besseren Kreisen kann sie viele Millionen betragen. Dazu müssen die Kosten der oft extravaganten, tagelangen Feierlichkeiten getragen werden. Kurzum: Für den durchschnittlichen Mumbaikar ist es heutzutage nicht leicht, über die Runden zu kommen.

Für einen **Expat**, dem die Firma seine vielleicht 1500 € teure Mietwohnung bezahlt, ein Auto mit Chauffeur zur Verfügung stellt, sieht das Leben generell etwas rosiger aus. Der Kulturschock aber, eventuelle Kommunikationsprobleme mit Kollegen (vielleicht eher kulturell bedingt als sprachlich), die unglaublichen Menschenmengen und der Mangel an Ruheplätzen und Grün könnte aber auch hier so manchem zu schaffen machen. Eines ist man selten in Mumbai: alleine. Den Einheimischen macht das in der Regel nichts aus, dem Westmenschen vielleicht schon. Auf der positiven Seite begegnet man Indern aus allen Teilen des Landes und kann von ihnen viel über ihre Heimat lernen. Mumbai ist ein bunter indischer Mikro-Kosmos, ein schillerndes Mosaik, und eins wird es einem bestimmt nie: langweilig.

Mumbai entdecken

029mb Abb.: rk

Die interessantesten Stadtteile befinden sich in der südlichen Hälfte der Stadt, speziell im ganz südlichen Bereich, wo der Zipfel Mumbais am schmalsten ist. Wer in Colaba wohnt, kann viele der Sehenswürdigkeiten zu Fuß besuchen. Ansonsten sollte man eines der Taxis nehmen, die immer in dem Bereich anzutreffen und spottbillig sind.

Tempel-, Markt- und Geschäftsbereiche in Süd-Mumbai

Mumbai ist eine vor Leben überquellende Stadt, in der sich oft ganze Stadtteile zu einer einzigen riesigen Sehenswürdigkeit zusammenraufen und einen unvergesslichen Eindruck hinterlassen. Mitten im Marktgewühl verstecken sich zahllose kleine Tempel, heilige Kühe liegen neben Geschäften und Tempelglocken, Weihrauch und Gebete vermengen sich mit dem Straßenlärm und den Lockrufen der Verkäufer zu einem Erlebnis, das die Sinne oft überzustrapazieren scheint. Man könnte viel Zeit damit verbringen, an einer Straßenecke zu sitzen und einfach nur zu beobachten.

Die interessantesten Stadtteile liegen alle relativ dicht zusammen, oft grenzen sie direkt aneinander. Es empfiehlt sich, den Stadtplan gut zu studieren, denn oft kann man gleich vom Besuch des einen Stadtteils in einen benachbarten hinübergehen.

Vorseite: Die Uhr auf dem verwitterten Parsen-Turm im Stadtteil Fort funktioniert erstaunlicherweise noch

1 Fort ★★★ [H9]

Der Stadtteil Fort erstreckt sich etwa vom Chhatrapati Shivaji Vastu Sangrahalaya (s. S. 51) im Süden bis zum C.S.T. 9 im Norden. Der Name rührt von einem alten englischen Fort her, das jedoch schon in den 1860er-Jahren abgerissen wurde. Das Fort hatte drei Tore und daran erinnern heute noch die Namen Churchgate (das westliche Tor nahe der St. Thomas' Cathedral, Bazar Gate St. (nach dem Bazar Gate im Norden) und Apollo Gate (nahe der Straße Apollo Bunder).

Fort ist heute eines der wichtigsten Geschäftsviertel, dessen Mittelpunkt von der **Bombay Stock Exchange (BSE)** gebildet wird, der Börse. Der 118 m hohe, moderne Glasturm des BSE sticht aus dem Meer geduckter, grauer und brauner Gebäude hervor wie ein smarter Goliath unter verwelkten Liliputanern. Der Turm wurde 1980 errichtet. Die Börse an sich ist aber die älteste Asiens und blickt auf sehr bescheidene Anfänge zurück. Mehr dazu später.

Im Süden von Fort, im Bereich Kala Ghoda, steht die 1885 errichtete, hellblaue **Knesseth-Eliyahoo-Synagoge.** Sie wird von schwer bewaffneten Polizisten bewacht und Besucher werden argwöhnisch beäugt. Ein Blick in den prunkvollen Innenbereich lohnt jedoch. Falls die Synagoge geschlossen sein sollte, könnte man es am Samstagmorgen versuchen. Am Sabbat finden sich einige Juden zu Gebeten ein und nach persönlicher Erfahrung sind sie sehr gastfreundlich.

Weiter nördlich, an der Kreuzung M.G. Rd./Veer Nariman Rd., steht der Brunnen **Flora Fountain.** Der Platz, der ihn umgibt, wird heute offiziell **Hutatma Chowk** („Platz der Märtyrer") genannt, heißt im Volksmund aber wie der Brunnen. Der Flora Fountain, errichtet 1864, ist ein reich verzierter, pavillonartiger Steinbau, der von Wasserfontänen überspült wird (wenn das Wasser denn mal fließt) und eine Huldigung an die römische Göttin Flora. Auf der Spitze des Baus ist eine Figur Floras zu sehen und auch die vier Ecken sind mit Flora-Figuren verziert. Der „Fountain", wie der Brunnen meist kurz genannt wird, ist eines der bekanntesten Wahrzeichen Mumbais.

Weiter östlich ragt der viereckige Turm der **St. Thomas' Cathedral** wie ein mahnender Finger in den Himmel. Sie ist Mumbais älteste anglikanische Kirche und wurde am ersten Weihnachtstag des Jahres 1718 eingeweiht. Der gotische Turm wurde erst 1838 angebaut. Die Kathedrale war nicht nur zentraler Punkt des christlichen Lebens der Engländer, sondern auch geografischer Mittelpunkt der Stadt: Alle Entfernungen ab Bombay wurden von hier aus gemessen (heute vom General Post Office). Im Inneren der Kathedrale eröffnet sich ein faszinierender Anblick, ringsum sieht man zahlreiche Tafeln und Fresken, die verstorbener Engländer gedenken. Dabei kommt so manch interessante Geschichte zutage. So z.B. die Plakette, die der Besatzung des Frachtschiffes Okhla gewidmet ist: Die Okhla war 1917 vor der Küste Bombays vom deutschen Hilfskreuzer Wolf versenkt worden. Die Wolf versenkte während einer 451 Tage dauernden Kreuzfahrt, die sie bis Australien führte, 37 feindliche Schiffe und machte 467 Gefangene.

030mb Abb.: rk

[>] *Christlich-koloniales Vermächtnis: Die St. Thomas' Cathedral beherbegt zahlreiche Erinnerungstafeln für verstorbene Briten*

Schräg gegenüber von St. Thomas steht eines der attraktivsten Gebäude von Fort, das **Elphinstone Building**, erbaut 1870 im Stile eines venezianischen Palazzos (innen ist Indiens erste Starbucks-Filiale). Direkt östlich schließt sich der ehemalige Elphinstone Circle an, der heute **Horniman Circle** heißt. Dieser Kreis mit den drumherum angelegten Geschäftsgebäuden und der Town Hall war in britischer Zeit das Zentrum der Stadt. Im Horniman Circle ist ein hübscher kleiner Park angelegt, die **Horniman Circle Gardens**, und das Grün, kombiniert mit den kolonialen, sich drumherum schmiegenden Häusern, macht den Ort zu einer der charmantesten Ecken Mumbais. Der Park ist So bis Fr von 10 bis 20 Uhr und Sa von 16 bis 20 Uhr geöffnet. Rechts neben dem Haupteingang zum Park (Westseite) sieht man unter einem Banyan-Baum *(Ficus bengalensis)* einen Brunnen, der 1873 von einem wohlhabenden Bürger gestiftet wurde. Noch heute wird daraus Wasser geschöpft und an Büros der Umgebung geliefert.

Tempel-, Markt- und Geschäftsbereiche in Süd-Mumbai

Unter Banyan-Bäumen begann auch Bombays **Börsenhandel.** Die ersten Spekulanten – vier Gujaratis und ein Parse – handelten in den 1850er-Jahren unter Banyan-Bäumen an der Ostseite des heutigen Horniman Circle mit Baumwollaktien. Der Kreis der Händler vergrößerte sich und in der Folgezeit mussten sie einige Male den Standort wechseln. 1874 fanden sie eine feste Bleibe in der Dalal („Makler") Street, wo sich auch die heutige Börse befindet.

Östlich des Horniman Circle steht die 1833 erbaute **Town Hall**, das alte Rathaus. Dreißig Stufen führen zu dem von Säulen flankierten, eleganten Gebäude empor, das heute die Asiatic Society beherbergt. Neben einer Bibliothek und einem Leseraum findet sich darin eine beachtliche Sammlung von Statuen von Persönlichkeiten, die in der Geschichte der Stadt eine tragende Rolle gespielt haben. Einige davon stammen von namhaften Bildhauern wie Francis L. Chantrey und Mathew Noble.

Verstreut in diesem Stadtteil finden sich auch einige religiöse Stätten. Das größte religiöse Bauwerk ist die **Bohra Masjid** (Jeejeebhoy Dadabhoy Lane), eine Moschee der Bohras, einer muslimischen Sekte, die aus einer hinduistischen Händlerkaste entstanden ist. Man erkennt die Männer an ihren runden, goldbestickten weißen Kappen. Im südlichen Bereich der Bohra Bazar St. steht der **Shantinath Jain Mandir**, ein Jain-Tempel mit sehenswerten, bunten Wächterfiguren am Eingang.

KLEINE PAUSE

Süßes und Scharfes bei Mathura Sweets

Sehr leckere indische Süßigkeiten und außerdem schmackhafte *Thalis* für weniger als 1 € bietet das winzige Mathura Sweets, ein bekannter Name unter Mumbais Süßspeisenfans.

139 [I9] **Mathura Sweets,** Shop Nr. 16, Mangrol Mansion, Rustom Sidhwa Marg, Mumbai 400001, Tel. 22617038, geöffnet: Mo–Sa 7–21 Uhr, *Thali* 12–15 Uhr

Um den Horniman Circle schmiegen sich koloniale Bauten

Die ehemalige Town Hall wurde im altgriechischen Stil erbaut

031mb Abb.: rk

In der Perin Nariman Rd. fällt der **Maneckji Seth Agiary** ins Auge, ein Feuertempel der Parsen. Sein Eingang wird von zwei mythischen, zoroastrischen Figuren bewacht. Etwa 100 m südlich davon steht das 1880 erbaute, dem Verfall anheimgegebene Ehrenmal für einen prominenten Parsen seiner Zeit, **B.H. Wadia.** Oben wird es von einem Uhrturm abgeschlossen, an dem einige altpersische Inschriften zu sehen sind. Innen steht die Büste des alten Herrn, der sich wahrscheinlich wundert, warum man seine Ehrenstätte so herunterkommen lässt.

Im nördlichen Bereich der Modi St. überragt die attraktive **Kawakhana Masjid** (Moschee) das geschäftige Treiben. Etwas weiter nördlich steht der **Govardhan Temple**, ein Hindu-Tempel mit ein paar Wandgemälden über und neben der Tür. Der Tempel bietet Obdach für ein paar Kühe, die vorne hinter dem Eingang gehalten werden bzw. sich draußen von Frommen füttern lassen – tagsüber mit frischem Gras, abends mit getrocknetem Gras, so wie es hier die Tradition vorschreibt.

Sehenswertes in diesem Viertel

★140 [H8] **Bohra Masjid,** Jeejeebhoy Dadabhoy Lane, Mumbai 400001

★141 [H10] **Bombay Stock Exchange (BSE),** Dalal St., Mumbai 400001

★142 [H9] **Elphinstone Building,** Veer Nariman Rd., Mumbai 400001

★143 [H9] **Flora Fountain,** M.G. Rd./ Veer Nariman Rd.

★144 [I8] **Govardhan Temple,** Modi St., Mumbai 400001, ca. 6–21 Uhr

★145 [I9] **Horniman Circle,** Mumbai 400001

★146 [I8] **Kawakhana Masjid,** Modi St., Mumbai 400001

★147 [H10] **Knesseth-Eliyahoo-Synagoge,** V.B. Gandhi Rd., Mumbai 400001, man muss die wachhabenden Polizisten um Erlaubnis zum Eintritt bitten.

★148 [I9] **Maneckji Seth Agiary,** Perin Nariman Rd., Mumbai 400001

★149 [I9] **Shantinath Jain Mandir,** Bohra Bazar St., Mumbai 400001 (z.Zt. unter Renovierung)

★150 [H9] **St. Thomas' Cathedral,** Veer Nariman Rd., Mumbai 400001, 10–17.30 Uhr

★151 [I9] **Town Hall,** Shahid Bhagat Singh Rd., Mumbai 40000, Mo–Sa 10.30–17.30 Uhr

Die Parsen: Pioniere, Philanthropen, Eigenbrötler

Die Parsen sind die Anhänger des Propheten Zarathustra (Zoroaster), der möglicherweise 628 vor unserer Zeitrechnung in Persien geboren wurde. Das Datum ist umstritten. Aufgrund von Verfolgung durch Moslems flohen die Parsen (oder Parsis/Parsees) im 10. Jh. nach Indien. Zuerst ließen sie sich in Gujarat nieder, viele zogen aber später nach Bombay und wurden erfolgreiche Geschäftsleute. Die Namen der Parsi-Firmen Tata und Godrej, beides Mammutunternehmen, sind in Indien heute auf unzähligen Produkten anzutreffen. Der Schöpfer von Tata, J.N. Tata, gründete auch das Taj Mahal Palace Hotel (8) und die Fluggesellschaft Tata Airlines, aus der später Air India wurde.

In der Wirtschaft, im sozialen Bereich und in der Politik standen die Parsen stets an vorderster Front. Sie zeigten sich fortschrittlicher und weltoffener als die meisten Hindus und Moslems und für die Engländer waren sie die Bevölkerungsgruppe, mit der sie am leichtesten interagieren konnten – was sich für die Parsen lukrativ auswirkte. Mit dem Geld wuchs auch die Großzügigkeit und viele Parsen taten sich als Philanthropen hervor. In den Stadtteilen Churchgate und Fort kann man heute keine Minute laufen, ohne auf eine Statue eines Parsen oder auf ein Straßenschild mit einem Parsen-Namen zu stoßen.

Heute geht es aber mit der kleinen Gemeinschaft bergab: Weltweit gibt es nur noch ca. 90.000 Parsen, die Hälfte davon lebt in Mumbai. Die Parsen heiraten zumeist spät, außerdem ist die Fruchtbarkeitsrate aufgrund von Erbkrankheiten niedrig und der Nachwuchs bleibt aus. Bei einer Heirat zwischen Parsen und Nicht-Parsen werden die Nachkommen nur als Parsen akzeptiert, wenn der Vater Parse ist. Viele Parsen leben in sogenannten „Parsee Colonies", Wohnsiedlungen, in denen nur Parsen aufgenommen werden.

Kern der Parsi-Religion (Zoroastrismus) ist die Achtung der vier heiligen Elemente Erde, Wasser, Luft und Feuer, die nicht verunreinigt werden dürfen. Feuer gilt als Symbol des Göttlichen und wird in sogenannten Feuertempeln („Agiary") geehrt. Nicht-Parsen können die Tempel nicht betreten, da sie das Feuer entweihen würden. Der Leitspruch der Parsen ist der Satz „Gute Worte, gute Gedanken, gute Taten" – ein perfekter Leitfaden, der im Grunde jeden weiteren Ge- oder Verbotskatalog überflüssig macht.

Nach dem Tod werden die Leichname der Parsen auf den sogenannten „Türmen des Schweigens" („dakhma") ausgelegt, um Geiern als Nahrung zu dienen. In Mumbai befinden sich die Türme auf dem dicht bewachsenen Areal gleich nördlich der Hanging Gardens (14). Nicht-Parsen haben keinen Zutritt. Da es in Mumbai kaum noch Geier gibt und die Leichen von Krähen und anderen Vögeln langsam auseinandergepflückt werden, lassen sich viele Parsen heute auch einäschern.

In Mumbai gelten die Parsen oft als ein wenig schrullig oder schräg, aber gleichzeitig auch als grundehrlich und als gute Patrioten. Ihre leichte „Andersartigkeit" macht sich auch in der Küche bemerkbar. Das typische Parsi-Essen enthält viel Fleisch und Eier, dazu westlich beeinflusste Backwaren wie Kuchen und Brötchen. Heute gibt es nur noch etwas mehr als ein Dutzend typischer Parsi-Restaurants bzw. Irani-Restaurants (als Iranis werden Parsen bezeichnet, die erst in jüngerer Vergangenheit eingewandert sind). Den traditionellen Restaurants ist ihr altertümliches Interieur gemeinsam, das den Besucher etwa in die 1950er-Jahre zurückversetzt.

Viele Parsi-Restaurants wurden an Straßenecken angelegt: In der hinduistischen Lehre Vāstu-Shāstra (eine Art indisches Feng-Shui) gelten Straßenecken als unglückverheißend, und da Hindus dort keine Geschäfte eröffnen wollten, sprangen die Parsen in die Bresche. Hier einige der urtümlichsten Parsi-Restaurants:

152 *[J9]* ***Britannia Restaurant,*** *Wakefield House, S.S. Ram Gulam Marg (Sprott Rd.), Ballard Estate, Fort, Mumbai 400001, Tel. 22615264, Mo–Sa 12–16 Uhr. Gegründet 1923 und eine Legende unter den Parsi-Restaurants. Die Nachfahren des Gründers können es sich leisten, das Restaurant nur 24 Std. in der Woche geöffnet zu haben. Der Laden läuft blendend. Das weithin gelobte Hausgericht ist Berry Pulao, eine Reisgericht mit Fleisch und Beeren, gekocht nach dem sorgsam gehüteten Rezept der verstorbenen Frau des heutigen Besitzers. Dieser, der über 90 Jahre alte Mr. Boman Kohinoor, war mit Mahatma Gandhi im indischen Freiheitskampf engagiert, ist aber gleichzeitig – wie die meisten Parsen – auch ungeniert anglophil. Im Restaurant hängt neben dem Bild von Gandhi eins von Königin Elizabeth.*

153 *[G6]* ***Kyani & Co.,*** *657, Jer Mahal Estate, Dhobi Talao, Mumbai 400002, Tel. 22011492, 6.30–21 Uhr. Obst- und Käsekuchen, Mangotorten, Kekse und Puddings sind die Spezialitäten in diesem 1907 eröffneten Restaurant, das ebenfalls noch von Nachfahren des Gründers geleitet wird. Daneben gibt es Snacks wie z. B. Pav Kheema („Brötchen mit (Ziegen-)Hackfleisch"), alles zu sehr niedrigen Preisen. Man beachte die an der Empore angebrachten Bilder – der Geschäftsgründer findet sich dort in bester Gesellschaft mit Jesus und dem Weihnachtsmann.*

154 *[H9]* ***Yazdani Bakery,*** *11/11-A Cowasji Patel St., Fort, Mumbai 400001, Tel. 22870739, Mo–Sa 8–19 Uhr. 1951 eröffnet und damit ein junger Hüpfer unter den Parsi-Restaurants, dennoch sieht es so aus, als hätte es einige Jahrzehnte mehr auf dem Buckel. Genau genommen ist es eine Bäckerei, aber die Produkte können gleich an Ort und Stelle verzehrt werden. Der Verkaufsschlager ist Brun Maska, eine Spezialität vieler Parsi-Restaurants. Das Butterbrötchen wird erst in süßen Milchtee getunkt und dann gegessen. Dazu gibt es typische Parsi-Kuchen und andere frische Backwaren. Keine 100 m westlich findet sich in einer Seitengasse der Banaji Limji Agiary (Agiary = Feuertempel), der älteste Parsi-Tempel (1709) der Stadt.*

Tempel-, Markt- und Geschäftsbereiche in Süd-Mumbai

2 Ballard Estate ★ [J8]

Das kleine Viertel Ballard Estate südöstlich des C.S.T. 9 ist einer der bestgeplanten Stadtteile Mumbais. Entworfen wurde es vom Architekten George Wittet, der einen **Geschäftsdistrikt nach europäischem Vorbild** schaffen wollte mit systematisch angelegten, breiten und von Bäumen gesäumten Straßen. Ballard Estate entstand 1908 bis 1914 und bot Platz für 43 große Blocks mit Geschäftshäusern, deren Baustil sich an die europäische Renaissance anlehnte.

Noch heute ist Ballard Estate ein Viertel, das überrascht. Es fehlen die großen Menschenmassen, auf die man sonst trifft, und die Straßen strahlen eine **wohltuende Ruhe** aus. Am besten kommt man an einem Sonntag, wenn man die Straßen fast für sich alleine hat. 30 bis 40 Minuten genügen, um das kleine Viertel zu erkunden.

Eine zentrale Position nimmt das **War Memorial** ein, das sich in einem kleinen Kreisverkehr am Schnittpunkt von Sprott Rd. und N. Morarji Rd. befindet. Das Denkmal, eine von einem kleinen Rondell umgebene Säule samt Laterne, wurde von der Hafenbehörde im Andenken an ihre Gefallenen im Ersten Weltkrieg errichtet.

★155 [J9] **War Memorial,** S.S. Ram Gulam Marg (Sprott Rd.), Ecke N. Morarji Rd., Mumbai 400001

3 Kalbadevi ★★ [G5]

Der entlang der Kalbadevi Rd. gelegene Stadtteil Kalbadevi ist eine der **quirligsten Geschäftszonen** Mumbais mit zahlreichen Läden und Firmen, die vor allem im Besitz von Gujaratis, Sindhis und Marwaris sind – dreier ethnischer Gruppen, denen man im indischen Geschäftsleben immer wieder begegnet.

Der interessante Abschnitt der Kalbadevi Rd. erstreckt sind nördlich der Kreuzung mit der Princess St. Auf der linken Straßenseite sieht man ein Gebäude mit einem „**Elefantentor**" – über dem Tor ist ein großes Elefantenrelief angebracht. In dem Gebäude befand sich einst das Bhangwadi Theatre. Etwas weiter nördlich, nahe der Kreuzung mit der Dr. M.B. Velkar St., findet man mit **Bhatia Wadi** ein typisches altes *wadi* vor. *Wadi* sind kleine Wohnsiedlungen, die meist um einen Innenhof herumgebaut sind und die die Mitglieder einer bestimmten Kaste oder ethnischen Gruppe beherbergen. In diesem Fall sind es die Bhatia, eine Kaste aus Sindh und Rajasthan.

Ein paar Meter weiter nördlich sieht man auf der westlichen Straßenseite nun den kleinen **Kalbadevi-Tempel**, der der Gegend seinen Namen gegeben hat. In dem Tempel, der hier seit 300 Jahren stehen soll, sieht man die Figuren dreier Göttinnen: Mahakali (Kalbadevi), Mahasaraswati und Mahalakshmi.

KLEINE PAUSE

Thali bei Joshi

Gegenüber dem Bhatia Wadi gelangt man durch einen Innenhof zum **Joshi Bhojanalaya,** einem der beliebtesten Thali-Restaurants von Kalbadevi. Serviert werden ausgezeichnete *Gujarati / Rajasthani Thalis* (veg.) zu ca. 2 €.

156 [G5] **Joshi Bhojanalaya,** Narottam Wadi, 381-A, Kalbadevi Rd., Tel. 22058059, Mumbai 400002, geöffnet: Mo–Sa 11–15 und 19–22 Uhr, So 11–15 Uhr.

Noch ein Stück weiter nördlich erreicht man einen der wichtigsten Textilgroßhandelsmärkte, **Swadeshi Market** (s. S. 33). Gegründet wurde er 1906 und hieß nach seinem Begründer zunächst Morarji Gokuldas Market. Im Zuge von Mahatma Gandhis Freiheitskampf taufte Gokuldas den Markt 1926 in Swadeshi Market (etwa „Patriotischer Markt“) um.

Etwas weiter nördlich lockt Kalbadevis religiöses Prachtstück, der mit zahlreichen Figuren verzierte, rotbraune **Dwarkanath Temple** (innen herrscht Fotoverbot). Dieser ist dem Gott Dwarkanath („Der Herr von Dwarka“ = Krishna) geweiht. Etwas weiter östlich liegt der **Mulji Jetha Market** (s. S. 32), der größte Textilgroßhandelsmarkt Asiens mit 600 Läden unter einem Dach.

Sehenswertes in diesem Viertel

★157 [G5] **Bhatia Wadi,** Kalbadevi Rd., Mumbai 400002

★158 [G4] **Dwarkanath Temple,** Kalbadevi Rd./Ecke Vithalwadi, Mumbai 400002

★159 [G5] **Elefantentor,** Kalbadevi Rd., Mumbai 400002

★160 [G5] **Kalbadevi Temple,** Kalbadevi Rd., Mumbai 400002

4 Bhuleshwar ★★★ [G4]

Bhuleshwar ist sicher einer von Mumbais interessantesten Stadtteilen, eine nahtlose Verquickung von Geschäftstrubel und Religiosität, angereichert mit einer guten Dosis Verkehrs- und Fußgängerchaos.

Der Name des Viertels stammt von seinem wichtigsten Tempel, dem **Bhuleshwar Temple,** der dem facettenreichen Gott Shiva in seiner gütigen Manifestation geweiht ist (von *bholā* = gutmütig, und *īshvar* = Gott). Der Tempel ist ein größerer Tempelkomplex, der aus einem zentralen Shiva-Heiligtum sowie einigen weiteren kleineren Tempeln oder Schreinen besteht. Von der Straße, der Bhuleshwar Rd., ist die Anlage kaum zu sehen, man muss gegenüber von **Phul (Phool) Gali** (s. S. 23), der „Blumengasse“, in eine der von der Straße abzweigenden Gassen hinein zum Tempel gehen. Es ist ein interessanter Tempelkomplex, in den sich nahtlos Geschäfte und sogar ein Tee-Shop einfügen.

In nordwestlicher Richtung sieht man entlang der Bhuleshwar Rd. **beinah einen Tempel neben dem anderen** (siehe Spaziergang am 3. Tag, Seite 17). Angehörige unterschiedlicher ethnischer Bevölkerungsgruppen oder Anhänger unterschiedlicher Götter bauten jeweils Tempel, die

033mb Abb.: rk

☑ *Beten und shoppen: Bhuleshwar bietet für beides endlose Möglichkeiten*

Tempel-, Markt- und Geschäftsbereiche in Süd-Mumbai

ihrer Tradition und Vorliebe entsprachen, und so entstand eine bunte spirituelle Palette.

Das Herzstück von Bhuleshwar ist jedoch **Panjrapole Tol** – eine schmale Gasse, randvoll gefüllt mit Geschäften für religiöses Zubehör und Textilien, dazu gibt es einige weitere Tempel. Mitten in der Panjrapole Tol findet sich eine **Gaushala**, d.h. eine **„Kuh-Herberge"**, in der einige Tausend Kühe gehalten werden. Die Gaushala wurde 1834 von einem Jain-Händler namens Motichand Amichand gegründet und bot zunächst streunenden Hunden oder kranken und verletzten Tieren eine Bleibe. Um die Wende zum 19. Jh. hatten die Kühe die Vorherrschaft erlangt – es gab 3500 –, dazu kamen 125 Pferde. Heute dreht sich hier alles um die heiligen Kühe. Sie gehören der Gir- oder Gyr-Spezies an, eine braune, sehr robuste und generös Milch spendende Gattung. Jede Kuh ist mit einem „Kuh-Ausweis", einem kleinen nummerierten Etikett im Ohr, ausgestattet.

Gläubige kommen in die Gaushala, um die Tiere zu füttern. Im Hinduismus gilt das Füttern von Kühen als ein Akt, der **gutes Karma** erzeugt. Links am Eingang kann man sich einen Gutschein über eine beliebige (kleine) Summe kaufen, den man dann gegen Gras oder *laddū* eintauscht, eine kugelförmige Mischung aus Getreide und Rohzucker. Das Füttern der Kühe dürfte für Touristen ein ungewöhnlicher Spaß sein – ganz abgesehen vom positiven Einfluss auf das Karma –, und ganz besonders für Kinder. Offiziell besteht Fotoverbot, aber es wird nicht unbedingt darauf geachtet.

Nördlich von Panjrapole schließt sich ein Gelände namens **Madhavbagh** („Garten des Madhav") an, der nach seinem Stifter, Seth Narottamdas Madhavdas, benannt ist. Hier finden sich einige weitere Tempel (siehe Spaziergang am 3. Tag, Seite 17).

Vitamine gegen den bösen Blick

Im Bereich von Kalbadevi 3 *und Bhuleshwar* 4 *sieht man zahlreiche Straßenhändler, die in Körben ihre gelb-grüne Ware anbieten: Sie verkaufen kleine, gelbe Limonen und grüne Chilischoten. Manchmal sind gleich ein paar Chilis mit einem Faden an eine Limone gewickelt, so als wäre es eine Vitaminfertigpackung, die man mal eben auf dem Weg zur Arbeit mitnehmen kann.*

In Wirklichkeit ist hier Magie am Werk: Grüne Chilis und Limonen gelten als Mittel, um den „bösen Blick" und Flüche abzuwenden. Viele Geschäftsinhaber heften sich die natürlichen Abwehrstoffe an ihren Laden. Die Chili-Limonen-Gestecke sieht man an Haus- oder Ladentüren, an Kinokassen ebenso wie an Schubladen, in denen die Tageseinnahmen zwischengelagert werden. Man weiß ja nie, welcher Konkurrent einen Fluch auf einen abgeladen hat!

Sehenswertes in diesem Viertel

★161 [G4] **Bhuleshwar Temple,** Bhuleshwar Rd., Mumbai 400002

★162 [F3] **Madhavbagh,** C.P. Tank Rd., Mumbai 400004

★163 [G3] **Panjrapole Gaushala,** Bhuleshwar, Mumbai 400004, Tel. 22425493, geöffnet 7–18 Uhr

★164 [F3] **Panjrapole Tol,** Bhuleshwar, Mumbai 400004

5 Zaveri Bazar ★★ [H4]

Der „Juweliersmarkt“ oder Zaveri Bazar erstreckt sich nördlich des **Crawford Market** 10 bis hin zu dem Bereich um den **Mumbadevi Temple** 16. Geht man die Gasse links des Badshah Cold Drink House (s. S. 46) hinein, so befindet man sich mitten im Markttrubel. Zu beiden Seiten werden Textilien und vor allem indische Kleidungsstücke angeboten: Saris, *Kurtas* (Hemden), *Pajamas* (lockere, weite Hosen) u. a. An der Westseite der Gasse erstreckt sich der **Mangaldas Market** (s. S. 32), ein Großhandelsmarkt für Textilien. Das Nordende der Gasse wird von der großen **Jama Masjid** (Moschee) überragt, an deren Rand einige Geschäfte *attar* verkaufen, indische oder arabische Parfüme und Öle.

Zwischen dem Mangaldas Market und der Moschee, gegenüber der Einmündung der Sheikh Menon St., befindet sich der kleine **Shri Rokriya Hanuman Mandir**, wörtlich etwa der „Tempel des Knete-abdrückenden Hanuman“. Der Mittelpunkt des kleinen Tempels – eher nur ein Schrein – ist eine Figur des Affengottes Hanuman, der den hier Betenden das Bankkonto auffüllen soll.

Weiter nördlich, in der Sheikh Menon St., sieht man eines der opulenten Juweliergeschäfte, die dem Viertel seinen Namen verliehen haben, **Tribhovandas Bhimji Zaveri** (s. S. 31). Drinnen funkelt einem der dicke, schwere Goldschmuck entgegen, den wohlhabende Inderinnen so gerne tragen. Noch weiter nördlich erreicht man links einen kleinen **Jain Temple** und rechts gegenüber das Geschäft **Arvind Book Depot**, das die traditionellen roten Geschäftsbücher verkauft, in die indische Händler ihre Umsätze eintragen (oder besser gesagt die, die nicht vor der Steuer verborgen werden). Zum Fest Diwali (s. S. 27) werden die Geschäftsbücher feierlich zu Tempeln von Lakshmi, der Glücksgöttin, getragen, wo sie von ihr für das kommende Geschäftsjahr gesegnet werden sollen. Man sollte auch einen Blick rechts um die Ecke in die 1st Agiary Lane riskieren, dort befinden sich ein kleiner **Schrein mit dem Elefantengott Ganesh** und daneben ein stets von Durstigen umlagerter, kostenloser Trinkwasserausschank. Die meisten Büros im Viertel sind nicht an die Wasserversorgung angeschlossen.

034mb Abb.: rk

Vom Südende des Zaveri Bazar sieht man schon den Crawford Market 10

Wenige Meter weiter nördlich erreicht man dann den **Mumbadevi Temple** 16, an dessen Ostseite sich einige kleine Juwelierläden befinden. Im Westen schließen sich die Viertel Kalbadevi 3 und Bhuleshwar 4 an.

Sehenswertes in diesem Viertel

166 [H4] **Arvind Book Depot,** Sheikh Menon St./Ecke 1st Agiary Lane, Mumbai 400002, ca. 10–20 Uhr

★167 [H4] **Ganesh-Schrein,** Janjikar St., gegenüber Sheikh Menon St., Mumbai 400002

★168 [G4] **Jain Temple,** Sheikh Menon St., Mumbai 400002

★169 [H5] **Jama Masjid,** Janjikar St./Ecke Sheikh Menon St., Mumbai 400002

16 [G4] **Mumbadevi Temple**

6 Bhendi Bazar ★★ [H2]

Bhendi Bazar verdankt seinen Namen einer sprachlichen Verballhornung: Da die Engländer den Bereich nördlich des Crawford Market 10 als „behind the bazar" bezeichneten, wurde daraus bei den Einheimischen „Bhendi Bazar".

Der vorwiegend moslemische Stadtteil erstreckt sich entlang der Mohammed Ali Rd. Moscheen bestimmen das Bild. Es ist ein geschäftiger, chaotischer Stadtteil mit flächendeckendem Markt- und Geschäftstrubel. Ein kleines Unikum ist **Null Bazar Police Chowki,** weiter westlich gelegen, eine kleine, achteckige Polizeistation, um deren Obergeschoss eine Art Balkon oder Ausguck verläuft. Oben wird sie von einem Spitzdach bedeckt. Sie stammt aus dem späten 19. Jh. und sieht eher aus wie ein Hexenhäuschen. Drinnen tun noch ein paar Polizisten Dienst. Am Kreisverkehr westlich der Polizeistation sieht man den ganzen Tag über **Handwerker** mit ihren Werkzeugkästen sitzen – Klempner, Schlosser, Zimmerleute usw. Wer eine Reparatur zu erledigen hat, kann sich hier seinen Fachmann von der Straße holen.

Östlich der Mohammed Ali Rd. liegt der moslemisch dominierte Stadtteil **Dongri** und hier wirkt das Umfeld noch etwas ärmlicher. Dongri ist seit Jahrzehnten Brutstätte von Gangsterbanden, der Besuch dort ist jedoch völlig ungefährlich. Allerdings machen die dortigen Geschäftsinhaber manchmal einen etwas verschreckten, geduckten Eindruck – Schutzgelderpressung von Geschäftsinhabern ist eine der Existenzgrundlagen der Banden. Aber man kann sich ja täuschen.

Nicht allzu weit entfernt befindet sich der **Thieves' Market/Chor Bazar** (s. S. 33), ein Trödelmarkt, auf dem sich so mancher kleine Schatz aufspüren lässt.

Sehenswertes in diesem Viertel

★171 [G2] **Null Bazar Police Chowki,** Erskine Rd., Null Bazar, Mumbai 400003

★172 [H3] **Dongri,** Mumbai 400009. Stadtteil mit wildem Menschengewühl und zahlreichen Moscheen.

Bei einer Bootsfahrt bietet sich ein perfekter Ausblick auf das Gateway of India und das Taj Mahal Palace Hotel 8

035mb Abb.: rk

Einzelne Sehenswürdigkeiten in Süd-Mumbai

7 Afghan Church ★ [bj]

Offiziell heißt die Kirche **Church of St. John the Evangelist**, besser bekannt ist sie aber unter dem Namen Afghan Church, da die Briten sie in Andenken an ihre Gefallenen im Ersten Anglo-Afghanischen Krieg (1839–42) errichteten. Von 21.000 Soldaten, die 1838 nach Afghanistan marschiert waren, kehrte nur ein einziger lebend zurück. Die Afghanistan-Offensive war die verheerendste britische Niederlage aller Zeiten.

Das im Jahre 1858 eingeweihte Gotteshaus ist ein eleganter Bau aus **Basalt** und **Kalkstein** mit weiten gotischen Bögen, kunstvollen Buntglasfenstern und einem schlanken Turm von 60 m Höhe. Als die Umgebung noch hauptsächlich aus Vegetation bestand, diente der Turm britischen Soldaten als Orientierungshilfe. Um die Kirche herum findet sich immer noch viel Grün und das friedliche und ruhige Umfeld allein ist vielleicht schon den Besuch wert. Die Kirche sollte etwa von Sonnenaufgang bis Sonnenuntergang geöffnet sein, das ist aber nicht immer der Fall.

› Navy Nagar, Colaba Causeway (Shahid Bhagat Singh Rd.). Von Colaba aus kann man bequem laufen, man passiert dabei Navy Nagar, ein Quartier für Marinesoldaten, und generell ist diese Gegend eine der angenehmsten, grünsten Wohnviertel der Stadt.

8 Gateway of India und Taj Mahal Palace Hotel ★★★ [H12]

Das markante Gateway of India und das prunkvolle Taj Mahal Palace Hotel sind wohl die am meisten fotografierten Gebäude Mumbais. Kein Besuch ist vollständig, ohne sie gesehen zu haben.

Das **Gateway of India** ist vielleicht *das* Sinnbild der Stadt. Es handelt sich dabei um einen massiven Torbogen, der 1920 bis 1924 zum Andenken an den Besuch von König George V. anno 1911 in der damals noch Bombay genannten Stadt errichtet worden war. Der Monarch war der erste englische König, der Indien besuchte. Das Gateway ist im indo-sarazenischen Stil erbaut, so wie er im 16. Jh. in Gujarat verbreitet war. Bevor der Architekt George Wittet seinen endgültigen Entwurf fertiggestellt hatte, wurden der Öffentlichkeit die vorläufigen Entwürfe vorgestellt und die Einwohner konnten sich dazu äußern. Ursprünglich hatte Wittet auch den Bau einer breiten Prachtstraße vom Gateway zum Wellington Fountain geplant (heute Metro Circle), die beiderseits von Gärten flankiert sein sollte. Platz- und Geldmangel machten den Plan jedoch zunichte.

Heute tummeln sich auf dem weiten Vorplatz am Gateway zu jeder Tageszeit Hunderte von Touristen. Seit den Terrorattacken von 2008 (s. S. 59) muss man einen Metalldetektor passieren, um auf das Gelände zu gelangen. Nahe dem Gateway befindet sich eine Statue des maharashtrischen Volkshelden Chhatrapati Shivaji (1630–80), der den moslemischen Besatzern Indiens das Fürchten lehrte, und eine des Philosophen Swami Vivekananda (1863–1902), der als erster indischer Hindu-Prediger die USA und Europa bereiste.

Der Vorplatz des Gateway grenzt direkt an das prachtvolle **Taj Mahal Palace Hotel** an, das berühmteste Hotel Indiens. Erbaut wurde es 1903 von **Jamshetji Nusserwanji Tata**, dem Begründer der Firma Tata. 1896 hatte Tata in Watson's Hotel (s. S. 17) absteigen wollen, war aber unter Berufung auf die damals übliche Rassentrennung („Indians not allowed") nicht eingelassen worden. Der deprimierte Tata verbrachte die folgende Nacht in einem Parsen-Tempel in Colaba und schmiedete den Plan, selbst ein Hotel zu bauen – ein Hotel, zu dem jedermann, egal welcher Rasse oder Religionszugehörigkeit, Zugang haben sollte. Das Taj, wie es meist kurz genannt wird, ist somit eine Art „Rache-Bau", aber ein wunderschöner.

Bei dem Gebäude dominiert keine eindeutige architektonische Stilrichtung. Der Architekt R.S.K. Vaidya, der die Entwürfe gemeinsam mit Tata ausarbeitete, schuf ein eigenständiges Meisterwerk, vielleicht mit einigen indo-sarazenischen Einflüssen. Betritt man das Taj von der hektischen Straße aus (durch einen Metalldetektor), so schlägt einem gleich das noble Fünftsterneambiente entgegen. Man schreitet praktisch in eine andere Welt. Auch wenn man sich das Wohnen hier nicht leisten kann, so könnte man vielleicht eines der Restaurants aufsuchen oder zumindest das 24 Std. geöffnete **Shamiana.** Das Essen in Letzterem ist sehr gut, die Speisekarte, die jedes halbe Jahr ausgewechselt wird, enthält oft außergewöhnliche Kreationen.

Als im November 2008 pakistanische **Terroristen** Mumbai in Atem hielten (s. S. 59), drangen drei von ihnen auch ins Taj ein, nahmen Geiseln, mordeten und setzten das Gebäude teilweise in Brand. 31 Menschen starben. Heute ist es wieder völlig restauriert, für viele Stamm-Besucher ist die Unbeschwertheit, die man genoss, wenn man durch die schweren Türen hindurch in die Lobby schritt, aber für immer verloren.

Rechts neben dem alten Hauptgebäude steht ein neuerer Hotelturm, der Taj Tower, und wer ein Zimmer im Taj bucht, sollte vorher herausfinden, ob es sich hier befindet oder im alten, besseren Gebäude.

› **Taj Mahal Palace Hotel,** Apollo Bunder, Colaba, Mumbai 400005, Tel. 66653366, Fax 66650300, www.tajhotels.com

Filigraner Prunk: Der C.S.T. zeigt sich von seiner besten Seite

9 Chhatrapati Shivaji Terminus (C.S.T.) ★★★ [I7]

Mumbais eklektischer kolonialer Baustil wird oft als „Bombay-Gotik" bezeichnet und nirgendwo findet er eine überschwänglichere Ausdrucksform als im Chhatrapati Shivaji Terminus. Es ist das herausragendste Bauwerk der Stadt und wurde vom Architekten Frederick William Stevens (1848–1990) errichtet.

Der ehemals **Victoria Terminus Station** genannte Bahnhof war als Ausgangspunkt der Great Indian Peninsular Railway und Sitz der dazugehörigen Büros konzipiert und als er nach zehnjähriger Bauzeit im Jahr 1888 vollendet war, hatten sich die Baukosten auf 260.000 £ summiert – die bis dahin höchste Summe für ein Gebäude in der Stadt. 2004 wurde der C.S.T. zum **UNESCO-Weltkulturerbe** erklärt. Der zentrale Punkt des Bahnhofs ist eine **filigran gearbeitete Kuppel**, auf der sich eine Figur mit einer Fackel in der rechten Hand befindet, die den Fortschritt symbolisieren soll. Die Ecken des Gebäudes sind mit einer Vielzahl von Kuppeln und Turmspitzen bedeckt. Die Giebel sind mit Tympana (Schmuckflächen) aus Mustern und Figuren verziert. Einige zeigen indische Tiere wie Pfauen oder auch einen Mungo, der eine Kobra angreift, während die beiden von den Seiten von zwei Eulen gemustert werden. Auf Podesten an der Westseite wachen Tiger- und Löwenfiguren, die den „indischen Tiger" und den „britischen Löwen" symbolisieren. Die zahllosen Verzierungen an dem an sich wuchtigen Gebäude machen es zu einem Augenschmaus. 2008 wurde der Bahnhof zur Zielscheibe von Terroristen (s. S. 59) und in der Schalterhalle sind bis heute Einschusslöcher zu sehen. Schräg gegenüber der Westseite des Bahnhofs sieht man das **Mumbai Municipal Corporation Building**, selbst ein stattlicher Bau, der aber angesichts des überwältigenden Bahnhofs optisch ins Hintertreffen gerät.

036mb Abb.: rk

› Mahatma Gandhi Rd. (M.G. Rd.), Mumbai 400001

10 Crawford Market (Mahatma Jyotirao Phule Market) ★★ [H5]

Der 1869 errichtete Crawford Market, ein Großhandelsmarkt für Obst und Gemüse, kann sich rühmen, **Mumbais schönstes Marktgebäude** zu sein. Es ist ein brauner Bau aus grobem Bruchstein, der mit Giebeln und geschwungenen Fenstern verziert und von einem markanten, schlanken Uhrturm gekrönt ist. Über dem Haupteingang sind kunstvolle Fresken zu sehen, die von **J. Lockwood Kipling** geschaffen wurden, dem Vater von Rudyard Kipling (s.S.16). Sie zeigen typisches Marktgeschehen mit Trägern, die Waren auf dem Kopf balancieren, oder Händler bei Verkaufsverhandlungen. Mit Fresken verziert ist auch der **Kipling Fountain** (Kipling-Brunnen) im Innenbereich des Marktes. Leider wurden sie mit grellen Farben übermalt und haben an Attraktivität eingebüßt, zudem ist der Brunnen meist mit Kisten oder irgendwelchem Unrat zugestellt und kommt nur wenig zur Geltung.

Auf der 60.000 m² messenden **Verkaufsfläche** werden zahllose Arten von **Obst und Gemüse** angeboten. Je nach Jahreszeit ist die vorherrschende Farbe vielleicht gelb (Mangos) oder rot (Erdbeeren, Granatäpfel). Handeln ist auf dem Markt Pflicht.

› Lokmanya Tilak Rd., Mumbai 400001, geöffnet: Mo–Sa ca. 11–20 Uhr

EXTRATIPP

Für Wassersportfans

S173 [D4] **H2O Watersports Complex,** Marine Drive, Girgaum Chowpatty, Mumbai 400007, Tel. 9892931606 (Handy), geöffnet: Okt.–Mai 10–22 Uhr. Nahe dem Chowpatty Beach werden Wassersportarten aller Art geboten: von Jetski-Fahren (ca. 23 €/10 Min., ca. 58 €/30 Min.) über Wasserski (ca. 23 €/10 Min.) und Kajakfahren (Einzel oder Doppel, ca. 2 €/Pers.) bis zu Bootsrundfahrten (ab ca. 6 €/Pers.). Ein besonderer Clou ist das Parasailing über dem Arabischen Meer, vor allem abends, wenn man hoch über den Lichtern des Marine Drive schwebt (ca. 25 € Einzelperson, 40 € Doppel).

11 Marine Drive und Chowpatty Beach ★★ [C3]

Mumbais wohl idyllischste Straße, der Uferboulevard **Marine Drive,** heißt heute offiziell **Netaji Subhash Bose Marg** nach dem Freiheitskämpfer Subhash Chandra Bose, einem Verbündeten Hitlers im Kampf gegen England. Aufgrund ihrer sanften Kurve und der Straßenbeleuchtung wird die Straße auch gern „Queen's Necklace" genannt. Den funkelnden „Halsketteneffekt" erlebt man am besten von den hoch gelegenen, zum Meer zeigenden Zimmern des Trident Oberoi Hotel aus oder beim abendlichen Parasailing mit H2O (s.S.76). Nirgendwo in Mumbai kann man über eine Strecke von 3 km besser spazieren, schlendern oder joggen als auf dieser breiten Prachtstraße, die stets von einer frischen Brise umweht wird. An Nordende des Marine Drive lockt der **Chowpatty Beach,** das beliebteste Ausflugsziel stressgeplagter Mumbaikars. „Schuld" daran sind nicht zuletzt die zahlreichen Imbissstände, die auf hungrige Gäste warten.

12 Babulnath Temple ★ [B2]

Der Baubeginn dieses Tempels, der sich in etwas erhöhter Lage an der Nordostseite des Malabar Hill befindet, war im Jahr 1780. 1840 wurden einige Gebäude hinzugefügt. Der Name geht auf die Babul-Bäume *(Acacia nilocita)* zurück, einer Akazienengattung, die in der Umgebung des Tempels verbreitet gewesen sein soll. Babulnath bedeutet „Herr der Babul-Bäume", womit **Shiva** gemeint ist, der Gott der Zerstörung und Erneuerung, aber auch der Gott der Tiere und Pflanzen. Im Allerheiligsten befindet sich ein Shiva-Lingam, das phallische Symbol Shivas.

Der Tempel an sich ist nicht sensationell, die Lage in nächster Nachbarschaft des immergrünen Malabar Hill und die relative Ruhe haben allerdings etwas für sich. Wenn man die Stufen zum Tempel emporsteigt, bekommt man einen guten Ausblick auf den in östlicher Richtung gelegenen Stadtteil Gamdevi. Alternativ kann man mit einem Aufzug hochfahren.

› Girgaum, Mumbai 400006, www.babulnath.com, Tel. 23678367, geöffnet: ca. 6–21 Uhr, Fotografieren verboten

13 Sri Sri Radhagopinath Temple ★ [B2]

Dies ist ein kleinerer Tempel der **ISKCON-Bewegung**, deren Hauptsitz 23 sich in Juhu befindet. ISKCON steht für **International Society for Krishna Consciousness.** Da die Mitglieder permanent das Hare-Krishna-Mantra singen, wird sie auch Hare-Krishna-Bewegung genannt. Um das Gebäude herum sind kleine **Schaukästen** angebracht, die mit Puppen das recht unerfreuliche Leben normaler Sterblicher bzw. das göttliche Leben der Krishna-Anhänger darstellen. Im Obergeschoss befindet sich ein prunkvoller Gebetssaal samt einer Art Thron, auf dem eine lebensgetreue Wachsfigur des Sektengründers Swami Bhaktivedanta Prabhupada sitzt. Viele Anhänger beten oder meditieren vor der Figur, während am anderen Ende des Saals vielleicht gerade heilige Preisgesänge vorgetragen werden. Vorzüglich ist das zum Tempel gehörige **Restaurant Govinda's** (s. S. 40, nicht zu verwechseln mit dem gleichnamigen Restaurant in Juhu).

› 7, K.M. Munshi Marg, Girgaum, Mumbai 400007, www.radhagopinath.com, Tel. 23665500, geöffnet: 4.30–13 und 16.30–21 Uhr

EXTRATIPP

Anglikanisches Kleinod: die All Saints' Church

Nach dem Besuch der Hanging Gardens 14 könnte man einen Blick auf die westlich von deren Haupteingang gelegene All Saints' Church werfen. Die hübsche kleine Kirche wurde 1881 erbaut und diente unter anderem den Gouverneuren von Bombay als Gotteshaus.

★174 [ag] **All Saints' Church,** Little Gibbs Rd. 2, Mumbai 400006, ca. 7–19 Uhr

14 Hanging Gardens (Pherozeshah Mehta Gardens) ★ [A2]

Die Hanging Gardens im Stadtteil Malabar Hill sind so etwas wie **Mumbais Vorzeigepark.** Die atemlose Begeisterung, mit der lokale Touristenführer den Park vorführen, ist jedoch fehl am Platze. Allein seine Größe, Ruhe und Gepflegtheit machen den Park in Mumbai zu einer Rarität. Verglichen mit europäischen Parks (oder gar singapurischen) ist er nichts Besonderes.

Die Hanging Gardens wurden 1881 als Abdeckung über Bombays größtem Wasserstaubecken errichtet – möglicherweise, um das Wasser vor Verunreinigung durch Leichenteile von den angrenzenden „Türmen des Schweigens" (s. S. 66) zu bewahren. Die Geier oder andere Vögel, die die Leichen zerfleddern, lassen gelegentlich Teile fallen.

Der Park ist ein netter Ort für eine kleine Pause, mit vielen Parkbänken (allerdings in der prallen Sonne) und in Hecken, die in Tierformen zurechtgeschnitten sind. Auf der anderen

Straßenseite der G.B. Kher Rd. (Ridge Rd.) befindet sich der kleine **Kamala Nehru Park** mit einem Kinderspielplatz. Durch die erhöhte Lage hat man einen guten Ausblick auf Chowpatty Beach ⓫.

› G.B. Kher Rd., Malabar Hill, Mumbai 400006, geöffnet 5–21 Uhr, Anfahrt per Taxi ab Colaba knapp 2 € oder ab der Bushaltestelle gegenüber Chhatrapati Shivaji Vastu Sangrahalaya (s. S. 51) mit Bus Nr. 103, der hier seine Endstation hat. Interessant ist auch der Fußweg über den Hügel (s. S. 11).

⓯ Banganga Tank ★★★ [ah]

Der Banganga Tank, ein von zahlreichen kleinen Tempeln umgebenes Wasserstaubecken, ist eine der faszinierendsten Orte in Mumbai – eine heilige Stadt im Miniformat. Gemäß der Legende soll Rama, der Held des Hindu-Epos Ramayana, hier einst Halt gemacht haben und von Durst und Müdigkeit übermannt worden sein. Sein Bruder Lakshman schoss deshalb einen Pfeil in den Boden, worauf eine Quelle hervorsprudelte.

In Wirklichkeit befindet sich das Wasserbecken in einer natürlichen Senke und wird von einem Fluss gespeist, der vom Malabar Hill herabfließt. Das Becken wurde während der Shilhar-Dynastie (810–1240) angelegt und später weiter ausgebaut. Es ist von Dutzenden von kleinen Tempeln umgeben und das Gelände wird von einigen romantischen Gassen durchkreuzt. Dies ist eine der wenigen Stellen in Mumbai, an denen man fast dörfliche Ruhe und Einkehr findet und dazu so etwas wie spirituelle Atmosphäre. Die hohen Wohnhäuser, die sich an der Peripherie in den Himmel strecken, stören kaum.

Die Westseite des Beckens wird vom Turm des **Rameshwar-Tempels** überragt, und an der Nordseite, westlich der Treppen, befindet sich eine Plattform, an deren Rand sich die **Gedenksteine für gefallene Krieger** befinden. Die orangefarbenen Gedenksteine zeigen die Krieger zu Pferde und mit gezücktem Schwert, sind teilweise aber schlecht erhalten. Auf der Plattform werden *pūjā*, Gebetszeremonien, abgehalten. Für das Erkun-

037mb Abb.: rk

den der vielen kleinen Tempel, die unterschiedlichen Göttern geweiht sind, sollte man sich ruhig 1 bis 2 Std. Zeit nehmen.

Nördlich von Banganga liegt ein kleiner **Dhobi Ghat**, eine Waschstelle, in der nordindische Wäscher aus der Kanaujiā-Kaste (Wäscher-Kaste) ihrer Arbeit nachgehen. Noch weiter nördlich folgt ein Hindu-Krematorium, in dem die Leichname effizient und umweltschonend mit Gas verbrannt werden.

› Banganga Tank, Walkeshwar, Mumbai 400006, Taxis können nur an der Südseite des Tanks parken, wo zwei *dipastambh* („Lichterpfeiler) die Ufertreppen flankieren, Fahrt ab Colaba ca. 2 €. Vor Erreichen von Banganga passiert man einen kleinen Heiligen-Friedhof, dann das Krematorium und dann den *Dhobi Ghat.*

EXTRATIPP

Mysteriöse Kultstätte: der Ruheort der Erleuchteten

Etwa 300 m nördlich des Banganga Tank 15 versteckt sich an der Bhagwanji Indraji Rd. ein kleiner **Friedhof für Asketen** oder **Lehrmeister,** die angeblich *moksha* (Befreiung oder Erleuchtung) erlangt haben. Gemäß den hinduistischen Regeln werden tote Heilige nicht verbrannt, sondern beerdigt. Das Gelände ist vollgestopft mit den Gräbern („samādhi“) der Asketen. Eines davon ist das Grab von **Shri Siddharameshwar Maharaj** (1888–1936), eines seinerzeit bekannten Gurus (Lehrmeisters). Die Grabmäler sind mit den Symbolen diverser Götter verziert und der von dichter Vegetation umgebene, einsame Ort hat etwas Geheimnisvolles an sich. Gelegentlich finden sich Betende ein, die sich Segnung von den Lehrmeistern erhoffen. Besondere Aufmerksamkeit wird auch einem heiligen **Pipal-Baum** *(Ficus religiosa)* zuteil, den Gläubige im Uhrzeigersinn umwandeln und mit Garn umwickeln.

16 Mumbadevi Temple ★ [G4]

Mitten im Gewühl des Zaveri Bazar 5 steht der kleine Tempel von **Mumbadevi**, der **Schutzpatronin,** der Mumbai seinen Namen verdankt (Fotoverbot). *Mumba* leitet sich von *Maha-Amba* („große Mutter“) her und *devi* bedeutet „Göttin“. Die Figur der Göttin wurde von den Engländern als recht grotesk angesehen. So schrieb einer von ihnen Anfang des 18. Jh.: „Sie hockt auf einem kleinen, blumenbedeckten Altar in einer elenden Hütte, mit einem Kopf, der im Vergleich zu ihrem Körper dreimal zu groß ist.“ Heute ist die Göttin mit einer **Silberkrone** und einer **goldenen Halskette** ausgestattet. Vor ihr sieht man die Figur eines Tigers, der als ihr *vahana* (Fahrzeug, Reittier) gilt, und links befindet sich ein Bildnis der **Göttin Annapurna,** die auf einem Pfau reitet.

In der Vergangenheit musste Mumbadevi mehrmals umziehen. Zuletzt hatte sie an der Stelle des heutigen C.S.T. gestanden, musste aber weichen, als die Engländer mit dem Bau des Bahnhofs begannen. Der Tempel ist nicht sonderlich eindrucksvoll, bei einem Besuch von Zaveri Bazar, Kalbadevi 3 oder Bhuleshwar 4 könnte man ihn aber mit einbeziehen. Hinter dem Tempel befindet sich eine Gasse, in der religiöses Zubehör verkauft wird, und Priester altüberlieferte Rituale zelebrieren.

› Mumbadevi Marg, Zaveri Bazar, Mumbai 400002, geöffnet 5–12 und 16–20 Uhr, innen herrscht Fotoverbot

‹ *Etwas Kleingeld erwünscht: Bettlerin am Banganga Tank*

Einzelne Sehenswürdigkeiten in Süd-Mumbai

17 Mahalakshmi Temple ★ [af]

Am Zugang zum Mahalakshmi-Tempelkomplex passiert man einen kleinen **Triumphbogen**, der 1905 zu Ehren von Prinz George V. (später König) errichtet wurde, der dem Ort einen Besuch abstattete. Dahinter eröffnet sich eine Gasse mit einigen kleineren Tempeln, an deren Ende – direkt an der Worli Bay –der **Mahalakshmi-Tempel** steht. Die dorthin geleitende Gasse ist beiderseits von Ständen mit Opfergaben, Blumengirlanden und Süßigkeiten flankiert.

Der Mahalakshmi-Tempel ist primär der **Göttin von Glück und Reichtum**, Mahalakshmi, geweiht. Im Allerheiligsten (Fotoverbot) finden sich aber gleich die drei Figuren des Göttinnen-„Triumvirats" aus Mahalakshmi, Mahakali und Mahasaraswati. Sie sind mit Nasenringen, Perlenketten und goldenen Armreifen verziert. Zum Fest Navratri (s. S. 27) pilgern so viele Gläubige zum Tempel, dass sich kilometerlange Warteschlangen bilden. Auch an Wochenenden kann es sehr voll werden. Der gegenwärtige Tempel wurde im Jahre 1831 von einem wohlhabenden Kaufmann errichtet, aber auch schon vorher soll sich an dieser Stelle ein Heiligtum befunden haben.

› Bhulabhai Desai Rd., Mumbai 400026, geöffnet 6–21 Uhr. Der Weg zum Tempel ist in der Mitte durch ein Absperrgitter in einen Hinweg (links) und einen Rückweg (rechts) aufgeteilt. Wenn man die letzten Stufen zum Tempel emporsteigt, sollte man die Schuhe in der Mitte, am Absperrgitter, ablegen, damit man sie beim Rückweg gleich greifen kann. Ansonsten muss man beim Rückweg einen langen Umweg um das Absperrgitter machen.

KLEINE PAUSE

Echte Sahne: das Haji Ali Juice Centre

Das Haji Ali Juice Centre ist **eine Institution in Mumbai:** Die Fruchtsäfte, Milkshakes und Fruchtteller mit Sahne sind seit Jahrzehnten sehr beliebt und der Stand wird immer von Gruppen von Kunden umlagert. Wo gibt es in Mumbai sonst Blaubeersaft, Kirsch-Milkshakes oder Pfirsich mit Sahne? Oder gar „Manchurian Pizza" (eine Pizza mit (pseudo-)chinesischem Topping)? Pizzas, Sandwiches und andere Snacks sind erhältlich. Haji Ali ist der einzige Fruchtsaftstand in Mumbai, der Kreditkarten akzeptiert.

175 [bf] **Haji Ali Juice Centre,** Lala Lajpat Rai Rd., Haji Ali, Mumbai 400026, Tel. 23510957, 23512553, geöffnet: 5–1.30 Uhr

18 Haji Ali Dargah ★★ [bf]

Das Grabmal des moslemischen Heiligen **Sayyed Peer Haji Ali Shah Bukhari** ist Mumbais meist besuchtes moslemisches Heiligtum. Heiligenverehrung ist im Islam eigentlich verboten, aber das nimmt man nicht immer so genau. Haji Ali war ein weit gereister, wohlhabender Kaufmann, der sich in der ersten Hälfte des 15. Jh. in Bombay niederließ. Ihm werden einige Wundertaten zugesprochen und nach seinem Tod 1431 errichtete man ihm dieses Grabmal, das sich auf einer **kleinen Insel**, ca. 500 m vor der Küste befindet. Über einen aufgeschütteten Weg, der nur bei Ebbe begehbar ist, gelangt man dort hin.

Der Fußweg an sich ist schon ein Erlebnis: Es ist ein gemächlicher, 10-minütiger **Spaziergang**, bei dem einem frischer Wind um die Nase weht, und entlang der Strecke locken zahlreiche **Verkaufsstände**, die Haji-Ali-Souvenirs, aber auch Gebrauchsgegenstände oder Snacks anbieten. Allerdings passiert man auch zahlreiche **Bettler**, die oft schlimme Verstümmelungen aufweisen. Besonders viele Gläubige finden sich am Donnerstag und Freitag ein. Do bis Mo von 16 bis 20.30 Uhr werden von Sufi-Musikern *Quawwali* (religiöse Gesänge) vorgetragen.

› Worli Bay, Mumbai 400026, Zugang je nach Stand der Gezeiten (siehe Presse oder Internet, z. B. www.myforecast.com)

19 Mahalakshmi Dhobi Ghat ★ [bf]

Es ist selten eine Sehenswürdigkeit, anderen Menschen bei der Arbeit zuzusehen, aber hier vielleicht schon: Mahalakshmi Dhobi Ghat ist eine Art riesige **Open-Air-Waschanlage**, eingeteilt in Hunderte kleiner Parzellen, in denen jeweils ein Wäscher *(dhobī)* seiner Arbeit nachgeht. Die Wäsche wird in den Parzellen, die von Wasser überspült werden, gewaschen, dabei auch auf eine steinerne Plattform gedroschen, dann ausgewrungen und zum Trocknen aufgehängt. In der Umgebung kann man aber oft sehen, wie die Wäsche zum Trocknen auf dem Bürgersteig ausliegt. Hartnäckiger Schmutz wird durch Kochen in großen Bottichen beseitigt. Dies alles ist gute alte Handarbeit, die aber sicher allmählich aussterben wird. Die besseren Wäscher haben heute Waschmaschinen.

038mb Abb.: rk

⌃ *Der erste Blick durch das Eingangstor auf die Haji Ali Dargah*

› Mahalakshmi (Mahalaxmi) Dhobi Ghat liegt direkt an der Ostseite von Mahalakshmi Station. Den besten Ausblick erhält man von der über die Gleise führenden Baburao Jagtap Marg. An deren Begrenzungsmauer auf der Brücke ist die Warnung „Fotografieren verboten" gepinselt. „Niedere" Kasten wie die Wäscher lassen sich ungern bei der Arbeit fotografieren. Die beste Zeit, um hierher zu kommen, ist ca. 5 bis 12 Uhr.

20 Siddhivinayak Temple ★★ [cd]

Der Shri Siddhivinayak Ganpati Temple, so sein voller Name, ist Mumbais reichster Tempel – die Spenden fließen schnell und üppig wie der Ganges in der Regenzeit. Ursprünglich stand an dieser Stelle nur ein kleiner, quadratischer Tempel von 3,60 m Seitenlänge (errichtet 1801) mit einer **Figur des Elefantengottes Ganesh** (= Siddhivinayak). Ab Mitte der 1970er-Jahre stieg der Strom der Besucher jedoch ständig und 1994 wurde der

Indische Totenrituale

So wie sich die Feste der diversen Religionsgemeinschaften unterscheiden, so unterschiedlich ergeht es auch den sterblichen Überresten ihrer Mitglieder. Hindus müssen den Regeln ihrer Religion folgend innerhalb von 24 Std. nach ihrem Tod eingeäschert werden. Dieses geschieht mehr oder weniger öffentlich und für viele Europäer, in deren Gesellschaft der Tod weitgehend verdrängt wird, kann die Beobachtung einer Kremation ein lehrreiches Erlebnis sein. In Mumbai bietet sich die beste Gelegenheit in ***Sonapur,*** *einem Open-Air-Krematorium nahe der Bahnstation Marine Lines (Eingang Maharishi Karve Rd.). Sonapur bedeutet „Stadt des Schlafes". Begründet wurde die Verbrennungsstätte vom Geschäftsmann und Philanthropen Jagannath Shankarseth (1803–65), dessen Namen man in Mumbai des Öfteren begegnet. Gleich am Eingang zu dem Gelände sieht man eine weiße Büste des Stifters. Ein paar Schritte weiter gelangt man zu den Verbrennungsstellen. Hier wird permanent Holz für die Scheiterhaufen aufgeschichtet, denn den ganzen Tag über und die ganze Nacht hindurch werden Tote zu ihren letzten Riten hergebracht. Die Bahrenträger sind männliche Angehörige. Entlang der Scheiterhaufen befinden sich überdachte Sitzbänke, auf denen die Trauernden Platz nehmen können. Für ein Krematorium ungewöhnlich gibt es hier über den Verbrennungsplätzen eine Art überdimensionalen Rauchabzug – etwa so wie bei einem Küchenherd, nur um ein Vielfaches größer.*

Die in weißes Tuch gewickelten Leichen werden auf die Scheiterhaufen gelegt und dann folgen die Totenrituale, die je nach regionaler Zugehörigkeit und Kaste leicht variieren können. Generell ist es der älteste Sohn, oder zumindest ein männlicher Anverwandter, der die letzten Riten vollstreckt, oft unter Anleitung eines Priesters. Eine Blumenkette wird um den Hals des Toten gehängt, Gebete werden gesprochen. Dann nimmt der Sohn einen Tonkrug mit Wasser auf, platziert ihn auf seiner rechten Schulter und geht entgegen dem Uhrzeigersinn um den Scheiterhaufen herum (so sollte es eigentlich sein, ich habe es aber auch schon anders herum gesehen). Nach der ersten Umrundung wird der Krug von einem Priester oder Angehörigen angeschlagen, sodass Wasser austritt. Mit dem nun leck geschlagenen Krug tritt der Sohn die zweite Umrundung an. Danach wird der Krug noch einmal angeschlagen, was das Loch vergrößert und bei der dritten Umrundung tropft somit noch mehr Wasser aus. Nach dieser Umrundung wird der Krug auf den Boden geschmettert und zersplittert – eine Metapher für den physischen Körper, der nun seine Schuldigkeit getan hat. Schließlich entzündet der Sohn oder Anverwandte den Scheiterhaufen mit einem getrockneten Bündel des heiligen Kusha-Grases („Poa cynosuroides").

Es dauert ca. 5 bis 6 Stunden, bis ein Leichnam völlig verbrannt ist. Bis zu 200 kg Holz sind dazu notwendig. Die Angehörigen bleiben nach Inbrandsetzen des Scheiterhaufens oft aber nur ein paar Minuten oder eine halbe Std. Etwa 12 Std. später bzw. am nächsten Tag, kommt man zurück, um die Asche aufzunehmen und sie in einem Gewässer ihrer letzten Ruhestätte zu übergeben.

039mb Abb.: rk

Für viele westliche Besucher dürfte es ein interessantes, lehrreiches Erlebnis sein, die Riten zu beobachten und eventuell mit den Angehörigen eines Verstorbenen zu sprechen. Die Atmosphäre ist nicht so gedrückt, wie man annehmen könnte, und Gespräche ergeben sich leicht. Bevor man aber einfach drauflos fotografiert, sollte man unbedingt fragen.

Etwas weiter östlich von Sonapur wird ein **Electric Crematorium** betrieben, ein Krematorium, in dem die Toten elektrisch, ohne das relativ teure Holz und umweltbelastenden Rauch, eingeäschert werden.

Nur wenige Meter nördlich von Sonapur finden zahlreiche Moslems ihre letzte Ruhestätte. Hier erstreckt sich das weitläufige Gelände von **Bada Qabristan,** des „Großen Friedhofs", denn Moslems beerdigen ihre Toten. Am Haupteingang passiert man eine kleine Moschee und dahinter sieht man zahllose moslemische Gräber – manche mit blumengeschmückten Sarkophagen, andere einfach von Gras und Unkraut überwucherte Parzellen. Die größeren pavillonartigen Bauten, die über das Gelände verstreut sind, sind „Dargah" (wörtl. „Pforten", „Schwellen"), d. h. die Grabmäler moslemischer Heiliger („Pir"). Eine ganz besondere Stellung nimmt das **Grabmal von Pir Badshah** (s. S. 26) ein.

An der Südostseite des Friedhofs liegt das unkrautüberwucherte **Grab von Haji Mastan Mirza** (1926–94). Haji Mastan, wie er kurz genannt wurde, war in den 1960er- und 1970er-Jahren so etwas wie der erste „Celebrity-Gangster" von Mumbai, ein Schlitzohr der ersten Güteklasse. Er schmuggelte Gold, Silber, Elektroartikel und Alkohol aus Dubai ein, was ihn zum vielfachen Dollarmillionär machte.

Ein paar Meter östlich von Mastans Grab befindet sich die Ruhestätte von **Ibrahim Kaskar,** dem Vater von Indiens meistgesuchtem Gangster, **Dawood Ibrahim.** Der alte Herr Kaskar war ironischerweise zu Lebzeiten Polizist. Indiens Fahnder warten sehnsüchtig darauf, hier auch einmal seinen Sohn unter der Erde verschwinden zu sehen.

⌃ Nobler Spender: Am Eingang zu Sonapur findet sich die Büste seines Begründers

Tempel (innen Fotoverbot) vergrößert und präsentiert sich nun als mehrstöckiger, weißer Prachtbau, über dessen zentralem Turm kühn die orangefarbene Hindu-Flagge weht.

Die Ganesh-Figur ist aus einem einzigen Stein gehauen, ca. 75 cm hoch und hat anders als bei den sonst üblichen Ganesh-Figuren den Rüssel nach rechts gedreht. In seinen vier Händen hält er eine Lotusblume, eine Axt, einen Rosenkranz und eine *modaka,* eine Süßspeise, der er sehr zugetan ist. Tagtäglich finden sich Abertausende von Gläubigen im Tempel ein, vor allem am Dienstag, dem besondere heilige Signifikanz zugesprochen wird. Vor dem Eingang bilden sich dann lange Warteschlangen. Neben dem Haupteingang des Tempels steht auch ein kleiner **Hanuman-Tempel** mit einer Figur des Affengottes Hanuman. Die Figur wurde 1952 bei Straßenarbeiten entdeckt.

Ganesh/Siddhivinayak steht im Ruf, Hindernisse zu beseitigen und die Wünsche seiner Anhänger zu erfüllen. Viele pilgern **barfuß** zum Tempel, was ihn besonders gnädig stimmen soll. Die Pilger, oft aus weit entfernten Vororten, marschieren meist die Nacht hindurch, um rechtzeitig um 5 Uhr morgens zur Aarti-Zeremonie, einer Art Flammenritual, präsent zu sein.

› Veer Savarkar Marg, Prabhadevi, Mumbai 400028, Tel. 24373626, www.siddhivinayak.org, geöffnet: 5–21 Uhr

Juhu Beach ist sicher kein tropischer Traumstrand, für ein paar geruhsame Stunden aber nicht zu verachten

21 Jijamata Bhosle Udyan (Veermata Jijabai Bhosle Udyan) und Zoo ★ [cf]

Im etwas abgewetzten Stadtteil Byculla befindet sich Jijamata Udyan, vormals Victoria Gardens und heute noch unter dem lokalen Namen **Rani Bagh** („Königinnen-Garten") am bekanntesten. Das Gelände war der Stadtverwaltung vom jüdischen Geschäftsmann David Sassoon überschrieben worden, und er war es auch, der den nadelschlanken **Uhrturm** am Eingang errichten ließ. Der 1872 eröffnete **Park** macht einen etwas trostlosen Eindruck, und allein die Tatsache, dass Parks in Mumbai so rar sind, macht ihn zu einer Besonderheit.

Über das Gelände verstreut finden sich einige **Tiergehege** und **Volieren** – nichts Weltbewegendes, aber für Kinder vielleicht eine willkommene Abwechslung. Wie überall in Indien ist die Religion nicht fern und am hinteren Ende des Areals liegt das Grab *(dargah)* eines moslemischen Heiligen.

Etwas Historie schlägt dem Besucher in Form von zwei **Statuen** entgegen: einer von Königin Victoria und der schwarzen Reiterstatue von König Edward VII., die einst vor Watson's Hotel (s. S. 17) stand und dem Bezirk Kala Ghoda („Schwarzes Pferd") seinen Namen verlieh.

Unbedingt sehenswert ist das Dr. Bhau Daji Lad Museum (s. S. 52), das sich gleich links neben dem Parkeingang befindet.

› Dr. Babasaheb Ambedkar Marg, Byculla, Mumbai 400027, Tel. 23742162, geöffnet Do–Di 9–18 Uhr, mit jahreszeitlich bedingten leichten Verschiebungen, minimaler Eintritt, dazu geringe Foto- und Videogebühren

040mb Abb.: rk

Entdeckungen im nördlichen Mumbai

22 Juhu Beach ★★ [S. 144]

Der Stadtteil Juhu im Nordwesten der Stadt verfügt als einziger in der Stadt über einen **längeren Strand.** Ihn als tropischen Traumstrand zu bezeichnen, wäre zwar übertrieben, denn er ist nicht gerade sauber und man sollte erst einmal genau hinsehen, bevor man sich irgendwo hinsetzt. Auch das Schwimmen ist nicht unbedingt zu empfehlen. Dennoch bietet der Juhu Beach eine willkommene Abwechslung vom städtischen Stress. Er ist ca. 3 km lang und wird außer von ein paar Palmen in erster Linie von den teuren Häusern der Bessersituierten gesäumt. Wer hier wohnt, hat ein pralles Konto. Zu den Glücklichen gehören zahlreiche **Filmstars,** allen voran Amitabh Bachchan. Hinter dem Strand erstrecken sich einige romantische, palmen- und baumgesäumte Gassen, darüber hinaus ist Juhu aber auch ein **moderner Stadtteil,** dessen große Palette an Konsumangeboten – Shoppingmalls, teure Restaurants etc. – den Wohlstand seiner Bewohner widerspiegelt. Entlang des Strandes befinden sich einige sehr gute Hotels wie das J.W. Marriott (s. S. 120) und das Sun 'n' Sand (s. S. 121) und dort ist durchaus Erholung angesagt.

› Anfahrt mit dem Zug nach Vile Parle (Slow Train) oder Andheri (Slow oder Fast), dann in westlicher Richtung aus dem Bahnhof hinausgehen und weiter per Auto-Rikscha (ca. 0,60 €)

23 Sri Sri Radha R asabihari Temple (ISKCON Temple) ★ [S. 144]

Als **Swami Bhaktivedanta Prabhupada,** der Begründer von ISKCON, der **International Society for Krishna Consciousness,** in den 1970er-Jahren einen Tempel in Juhu bauen ließ, waren die Grundstückspreise dort noch relativ bescheiden. Heute ist das ausgedehnte Areal, auf dem sich der Sri Sri Radha Rasabihari Temple befindet, ein protziges Vermögen wert.

Bollywood: bunte Unterhaltung für die Massen

Als am 7. Juli 1896 zu ersten Mal sechs Stummfilme im Watson's Hotel (s. S. 17) aufgeführt wurden, konnte niemand ahnen, wie sehr die indische Bevölkerung das neue Medium annehmen würde. Schon 1899 versuchte sich der erste Inder, der Porträtfotograf H.S. Bhatvekar, an einem kurzen Dokumentarfilm mit dem Titel „Mann mit einem Affen". Der erste Spielfilm wurde 1913 von Dadasaheb Phalke (1870–1944) gedreht, der seither als Vater des indischen Kinos gilt. Der fünfzig Minuten lange Film hieß „Raja Harishchandra", handelte vom legendären König Harishchandra und war noch ein Stummfilm. 1931 folgte der erste Tonfilm.

In der Nachkriegszeit wurden viele Schauspieler und Schauspielerinnen zu Kultfiguren. Die 1970er- und frühen 1980er-Jahre gehörten vor allem Amitabh Bachchan, der heute wohl der weltweit bekannteste lebende Inder sein dürfte. In seinen Rollen verkörperte er gerne den „zornigen jungen Mann", der sich trotz aller widrigen Umstände durchsetzt und es zu Erfolg und Ansehen bringt – so, wie es Millionen seiner Landsleute auch gern getan hätten. Bachchan wurde ein Massenphänomen und sein Film „Sholay" („Flammen", 1975) wird häufig als der beste Hindi-Film aller Zeiten bezeichnet. „Sholay" ist ein reiner Unterhaltungsfilm, gestrickt nach dem Muster der damals populären „Spaghetti-Western", woraus man in Indien allerdings die sogenannten „Curry-Western" bastelte.

Mit den 1970er-Jahren begann aber auch der Trend zum sogenannten „Masala Film" oder „Formula Film", Filmen, die immer nach demselben Rezept zubereitet waren, mit Handlungen, die nur wenig voneinander abwichen. „Masala" bedeutet „Gewürzmischung", und so wie diese viele verschiedene Zutaten enthält, so mussten auch die Filme alle erdenklichen menschlichen Emotionen in sich vereinen. Damit schlossen sie im Grunde an das klassische indische Drama an, das „neun Rasa" („neun Essenzen") in sich vereinte.

In den 1970er-Jahren wurde zum ersten Mal der Begriff „Bollywood" verwendet, eine Kombination aus Bombay und Hollywood. Insgesamt werden in Indien jährlich bis zu ca. 1000 Spielfilme produziert, davon jedoch nur etwa 100 in Hindi – die Bollywoodfilme. Die anderen werden in regionalen Filmzentren in Regionalsprachen wie Marathi, Gujarati, Panjabi, Bhojpuri, Bengali, Kannada, Telugu, Malayalam oder Tamil gedreht.

In seinem Ursprungsland ist der Einfluss Bollywoods beinah flächendeckend. Fast die gesamte populäre Kultur leitet sich aus den Filmen ab und sie beeinflussen die Mode ebenso wie die Sprache. Zahllose Dialoge, freche Sprüche oder (Kraft-)Ausdrücke aus Bollywoodfilmen sind in die Alltagssprache eingegangen und Teil des Kulturguts geworden. Fast alle Musikhits stammen aus Filmen. Es gibt nur wenige Songs, die es unabhängig von Filmen an die Spitze der Charts schaffen.

Wer ein Studio in Mumbai zu Dreharbeiten besichtigen möchte, könnte es über eine Reiseagentur versuchen (z. B. Bollywood Tours, www.bollywoodtourpackage.com, oder über Raju Chudasama, s. S. 113). Man-

che Tourunternehmen bieten Besichtigungsfahrten zu den Häusern der Filmstars an (natürlich nur von außen!), gefolgt von einem Studiobesuch (z. B. Karni India Travel, www.karnitoursindia.com). Die Chance, heute bei einer großen Produktion mit dabei sein zu dürfen, sind allerdings gering: In den Filmen stecken zunehmend hohe Investitionen, oft sind ausländische Produktionshäuser mitbeteiligt und niemand möchte sich in die Karten sehen lassen. Außerdem werden heute viele Filmszenen, ja manchmal ganze Filme, im Ausland gedreht.

Wer es auf eigene Faust versuchen möchte, könnte zur „Film City" (www.filmcitymumbai.org) im Stadtteil Goregaon fahren, einem riesigen Filmgelände, das von der Regierung von Maharashtra betrieben wird. Falls man es schafft, an den Wachleuten vorbeizukommen, muss man im Public-Relations-Büro eine Erlaubnis zur Besichtigung einholen. Das kann aber in einen bürokratischen Eiertanz ausarten. Ohnehin wird man eher die Dreharbeiten für eine der unzähligen Seifenopern des indischen Fernsehens erleben können als eine große Bollywoodproduktion. Gelegentlich suchen Casting-Agenten in Colaba nach westlichen Statisten. Wer jedoch einmal als Statist gearbeitet hat oder auf einem Filmset war, weiß, wie öde Dreharbeiten sein können – so ganz anders als das bunte Endprodukt.

☐ Das Edward Theatre ist eines der wenigen alten Kinos, die sich gegen die modernen Multiplex-Paläste behaupten können

041mb Abb.: rk

Gott Krishna, den die Mitglieder von ISKCON („Hare Krishna") verehren, hatte Prabhupada gut geleitet. Im Erdgeschoss des Tempels befindet sich ein großer Gebetsraum, in dem den Figuren von Krishna und seiner Gemahlin Radha gehuldigt wird. Der ehemalige Wohnraum Prabhupadas („Prabhupada Quarters") kann besichtigt werden (5.30–20.30 Uhr). Zu sehen sind persönliche Utensilien des Meisters sowie sein lebensechtes Abbild in Wachs. Rechts neben dem Tempel finden sich einige Stände, die teilweise kostenlos kleine Snacks aushändigen (*prasād* = von Krishna geheiligte Speisen), dazu ein Stand mit sehr leckeren indischen Süßigkeiten, die nach Kilopreis verkauft werden (ca. 7–12 €).

Auch wenn man vielleicht schon genug Tempel gesehen hat, so gibt es doch einen guten Grund, diesen hier zu besuchen: das angeschlossene Restaurant **Govinda's.** Obwohl dessen Essen ohne Zwiebeln und Knoblauch zubereitet wird, die angeblich das Gemüt in Aufruhr versetzen, kreiert Govinda's Speisen, die mit zum besten Mumbais gehören. Besonders zu empfehlen sind die Buffets (ca. 4 €), und ganz besonders die speziellen **Sonntagsbuffets**, die insgesamt 56 verschiedene Gerichte umfassen (ca. 5,50 €). Neben diesem Hauptrestaurant existiert noch ein kleiner Speiseraum, in dem man für knapp 1 € ein einfaches Buffet bekommt, dieses kann man jedoch getrost vergessen. Dem Tempel ist ein Hotel angeschlossen (ISKCON Ashram, s. S. 120).

› ISKCON, Hare Krishna Land, Juhu, Mumbai 400049, Tel. 26206860, www.iskconmumbai.com, geöffnet: 4.30–13 und 16.30–21 Uhr, Anfahrt siehe Juhu Beach 22, Restaurant: Frühstück 7.30–11 Uhr, Mittagsbuffet 12.20–13.30 Uhr, Abendsnacks 16–18 Uhr, Abendbuffet 19.30–22.30 Uhr

Der Sri Sri Radha Rasabihari Temple der ISKCON-Bewegung

Entdeckungen am Stadtrand

24 Global Vipassana Pagoda ★★★ [S. 144]

Einige der interessantesten Sehenswürdigkeiten Mumbais liegen – leider – weit außerhalb am Stadtrand und sind aufgrund der Verkehrssituation nicht sonderlich gut zu erreichen.

Auf der kleinen Halbinsel Gorai, weit im Norden der Stadt, erstreckt sich ein weitläufiges Vergnügungsareal mit den Freizeitparks **Esselworld** und **Water Kingdom**, die zahlreiche Attraktionen für Kinder, Plantsch- und Schwimmmöglichkeiten etc. bieten. Nur ein paar Fußminuten von Esselworld entfernt, erreicht man eine weitere, wohl interessantere Sehenswürdigkeit. Hier befindet sich die 2009 eingeweihte **Global Vipassana Pagoda**, eine goldene Pagode im burmesisch-buddhistischen Stil, die bis zu ihrer Turmspitze eine Höhe von 91 m misst. Für Menschen, die schon Myanmar oder Thailand besucht haben, ist der Anblick vielleicht nichts Besonderes, alle anderen dürfte der **Monumentalbau** aber sicher beeindrucken.

Der unter der Turmspitze gelegene Bau ist die größte ohne Stützpfeiler erbaute **Kuppel** der Welt. In dem Raum haben bis zu 8.000 Meditierende Platz. Durch Eingang Nr. 7 gelangen Besucher in die Pagode und können einen Blick in den Kuppelraum werfen. Dabei ist man aber durch eine Glaswand von den in dem Raum Meditierenden getrennt. An Verkaufsständen gibt es buddhistische Literatur und vegetarisches Essen. Angeboten werden auch 10-tägige Vipassana-Meditationskurse (siehe www.dhamma.org).

Umgeben ist die Pagode von zahlreichen **Figuren** und reich verzierten, rotgoldenen Türmen. Abends ab 19 Uhr wird die Pagode hell angestrahlt und aus der Entfernung sieht sie dann fast aus wie ein leuchtender Diamant. Das Areal um die Pagode ist noch nicht ganz fertig, derzeit werden noch weitere Gebäude und Figuren hinzugebaut.

› **Esselworld und Water Kingdom,** Gorai Village, Borivali, Mumbai 400091, Tel. 65280305, www.esselworld.in, www.waterkingdom.in, geöffnet: 10–19 Uhr, Feiertage und Schulferien 10–20 Uhr. Eintritt jeweils ca. 9 €/6 € (Erwachs./Kinder), Kombitickets etwas günstiger. Anfahrt per Zug bis Station Borivali (Schnellzug ab Churchgate ca. 40 Min.), dort den Bahnhof an seiner Westseite verlassen und mit einer Auto-Rikscha zu ca. ₹ 40 (ca. 0,60 €) weiter zum Esselworld-Pier. Von dort geht es per Fähre über den Gorai Creek nach Esselworld und zur Pagode (₹ 35 retour, ca. 0,50 €). Abfahrt der Boote zwischen 6.30 und 19.30 Uhr jede halbe Std. An Wochenenden bilden sich lange Warteschlangen vor den Ticketschaltern für die Überfahrt. Vom Pier sind es noch ca. 5 Min. Fußweg zur Pagode. Zeitaufwand für die Anreise ab Churchgate ca. 2–2,5 Std.

› **Global Vipassana Pagoda,** Gorai Village, Borivali, Mumbai 400091, Tel. 33747501, www.globalpagoda.org.

25 Makakali Caves (Kondivita Caves) ★★ [S. 144]

Nahe dem Dorf Kondivita am Nordostrand Mumbais befinden sich **buddhistische Höhlen** aus der Zeit vom 1. bis zum 6. Jh. Der meist übliche Name Mahakali stammt von einem nahegelegenen Hindu-Schrein, ist aber fehl am Platze, da die Höhlen buddhistischen Mönchen als Wohn- und Meditationsstätten dienten.

Insgesamt sind es 19 Höhlen, die aus einem Basaltsteinhügel herausgehauen wurden. 15 davon befinden sich an der Nordwestseite des Hügels, vier an der Südostseite. Die Höhlen an der Südostseite haben teilweise Veranden an den Eingängen, die von Säulen flankiert werden. Die interessanteste Höhle ist die von Westen gesehen neunte in der Nordwestgruppe. Über eine Veranda gelangt man in eine Halle, deren Wände mit Figuren verziert sind. Links sieht man Buddha, der zwei Schüler instruiert. An der hinteren Wand führt ein Eingang zu einem Schrein, der von einer über 4 m hohen Kuppel überdacht wird.

› Am besten mit einem Schnellzug nach Andheri (ab Churchgate ca. 30 Min.), dort an der östlichen Seite des Bahnhofs aussteigen und mit einer Auto-Rikscha weiter zu den Höhlen ca. ₹ 40 (ca. 0,60 €). Die Höhlen sind dunkel, einsam und es gibt kein Wachpersonal. Man sollte unbedingt eine Taschenlampe mitbringen und dazu etwas Vorsicht walten lassen. Frauen sollten nicht alleine in die Höhlen gehen.

Fototermin: In den Kanheri Caves bleibt keine Kamera in der Tasche

26 Sanjay Gandhi National Park und Kanheri Caves ★★★ [S. 144]

Unbändige Natur direkt vor der Schwelle Mumbais, das bietet der Sanjay Gandhi National Park, benannt nach dem jüngsten Sohn der ehemaligen Ministerpräsidentin Indira Gandhi. Dieser Park ist eine große, grüne Überraschung – eine, die man so nah an Mumbai vielleicht nicht erwartet hätte.

Der Sanjay Gandhi National Park ist ein 104 km² großes Areal im Nordosten Mumbais, in dem sich noch Tiger, Löwen und Leoparden, Krokodile, Hirsche, Affen, Wildschweine, Kobras, Pythons und weitere Schlangenarten befinden. Bei einer **„Safari" mit dem Bus** kommt man ganz nah an einige Tiere heran. Dazu gibt es Trekking-Möglichkeiten, Bootsfahrten u. a.

Hochinteressant sind auch die insgesamt 109 **Kanheri Caves**, die über eine felsige Schlucht verstreut liegen. Die Höhlen dienten vom 1. bis 10. Jh. buddhistischen Mönchen als Wohn- und Meditationsorte. Zu sehen gibt es Gebetshallen sowie zahllose große und kleine Fresken, darunter 7 m hohe Buddha-Fresken. Steigt man den Felsen, an dem sich die Höhlen

043mb Abb.: rk

044mb Abb.: rk

befinden, bis nach ganz oben empor, hat man einen guten Ausblick auf den Park und den südlich der Höhlen gelegenen Tulsi Lake.

- Borivali (E), Mumbai 400066, Tel. 28860362, geöffnet: 7.30–17.30 Uhr, Eintritt ₹ 30, Safari: zwischen 9–13 und 14.20–17.20 Uhr alle 20 Min, Preis ₹ 30. Zusätzliche Eintrittsgebühr an den Höhlen (₹ 100).
- Anfahrt per Zug bis Borivali (Schnellzug ab Churchgate ca. 40 Min.), an der östlichen Seite des Bahnhofs hinausgehen und per Auto-Rikscha zum Parkeingang (ca. ₹ 20). Dann hinter der Kasse mit einem Bus oder Kleinbus (₹ 30) weiter zur Safari oder zu den Höhlen.

Der Aufstieg zu den Kanheri Caves erfordert einige Anstrengung, dafür wird man mit einem großartigen Ausblick auf die urwüchsige Landschaft belohnt

27 Elephanta Island ★★★ [S. 144]

Auf dem touristischen Besuchsprogramm steht diese Insel ganz oben – auch bei indischen Touristen, die besonders an Wochenenden in wahren Massen einschippern.

Die so beliebte „Elefanteninsel", ca. 10 km östlich von Mumbai gelegen, hieß ursprünglich Gharapuri („Ort der Höhlen"); der heutige Name Elephanta stammt von den Portugiesen, die im 17. Jh. dort eine massive **Elefantenfigur** vorfanden und auch gleich mitnehmen wollten. Das Unternehmen scheiterte, als die Ketten, die die Figur beim Transport halten sollten, brachen – die Figur landete im Meer. Die Engländer hievten sie später wieder heraus und brachten sie zunächst heim ins Königreich. Heute steht sie im Garten des Dr. Bhau Daji Lad Museum (s. S. 52).

Die in den Basaltfels gehauenen Höhlen auf der Insel unterteilen sich in zwei Gruppen: eine östliche, Stu-

045mb Abb.: rk

pa Hill, in der sich einige Höhlen **mit buddhistischen Relikten** befinden, und eine größere, westliche Gruppe. Diese beherbergt **hinduistische Skulpturen.** Am interessantesten ist Höhle Nr. 1, die **„Große Höhle“**, mit den Maßen von 27 x 27 m, die ein Shiva-Heiligtum ist. In der Höhle befindet sich ein Shiva-Schrein mit vier Eingängen und die Wände sind mit 5 m hohen Fresken von Shiva verziert. Das Hauptaugenmerk gilt aber einem ca. 6 m hohen, dreiköpfigen Shiva-Fresko, dessen drei Köpfe in drei verschiedene Richtungen blicken. Flankiert wird diese *trimūrti* („Dreifaltigkeit“) links von einer Figur des Ardhanareshwara, d.h. Shiva in seiner Halb-Mann-Halb-Frau-Manifestation (eine Verschmelzung von Shiva und seiner Frau Parvati) und rechts von einer Darstellung von Gangadhara, d.h. Shiva in seiner Manifestation als Ursprung des Ganges. In der hinduistischen Mythologie entspringt der Ganges im Haarschopf Shivas. Dazu gibt es einen fast 1 m hohen Shiva-Lingam zu bewundern, das phallische Symbol des Gottes, sowie zahlreiche weitere Darstellungen. Falls möglich, sollte man Elephanta an einem Wochentag besuchen, an Wochenenden ist der Andrang riesig.

› geöffnet Di–So 9–17 Uhr, Eintritt ca. 3,50 €
› Anfahrt mit Boot ab Gate Nr. 1 westl. des Gateway of India 8. Abfahrt zwischen 8 und 15 Uhr alle halbe Std., Preis knapp 2 € (hin und zurück), Fahrtdauer je nach Boot ca. 45–75 Min. Die Bootsfahrt bietet einen ausgezeichneten Blick auf das Taj Hotel und das Gateway of India. Bei Ankunft auf Elephanta steht ein kleiner Zug (Toy Train) bereit, um die Besucher bis zum Fuß der Höhlen zu fahren (minimale Gebühr). Von seiner Endstation führt ein ca. 10- bis 15-minütiger Fußweg vorbei an zahlreichen Souvenirshops und einigen Restaurants hoch zu den Höhlen. Viele der angeblich indischen Souvenirs sind „Made in China“! Wer nicht gut zu Fuß ist, kann sich auf einer Trage *(dholī)* zu den Höhlen hochtragen lassen (retour ca. 6 €).

Allein schon die Bootsfahrt nach Elephanta Island mit Blick auf Gateway of India und Taj Mahal Palace Hotel 8 ist ihr Geld wert

Praktische Reisetipps

046mb Abb.: rk

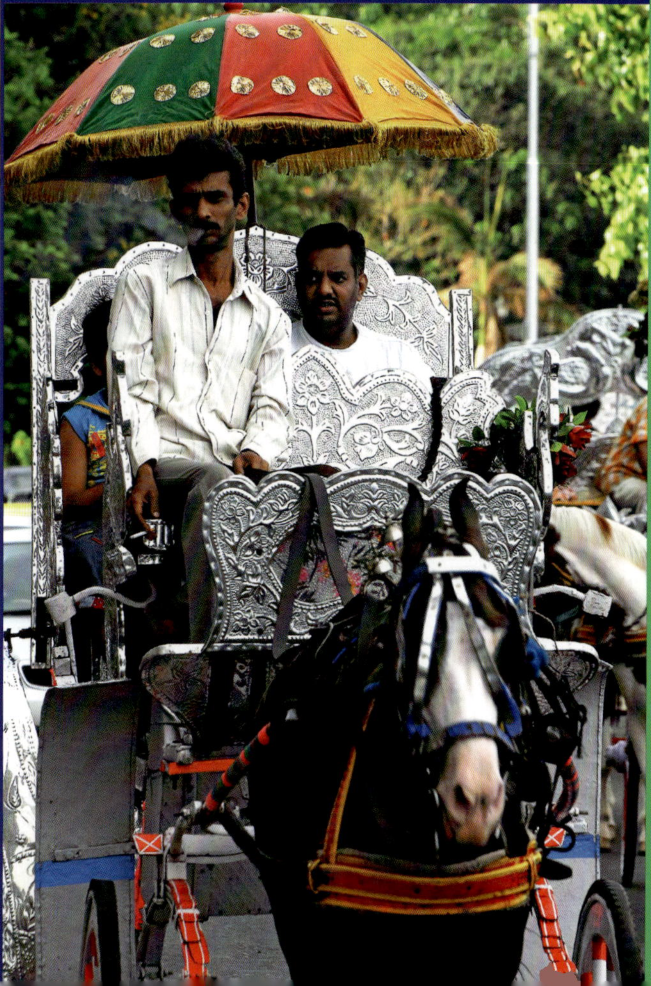

An- und Rückreise

Flüge

Lufthansa (www.lufthansa.com) fliegt täglich **nonstop** von Frankfurt nach Mumbai (Flugzeit ca. 8 Std.), Swiss (www.swiss.com) ab Zürich. Von Wien gibt es keine direkte Verbindung, in diesem Fall muss man z. B. in Frankfurt oder Zürich **umsteigen.** Die Preise für einen Hin- und Rückflug in der Economy Class liegen oft bei unter 1000 €. Preiswert ist meist Air India (www.airindia.in), die allerdings von Frankfurt und Wien nur bis Delhi fliegt, wo umgestiegen werden muss. Günstig kommt man oft auch bei einer Buchung bei Emirates, Etihad, Gulf Air, Turkish Airlines o. a. davon. Dabei muss man jeweils im Heimatflughafen der Gesellschaft umsteigen. In der heißen Jahreszeit und der nachfolgenden Regenzeit (ca. Mai–Sept.) gibt es möglicherweise besonders preisgünstige Angebote.

Am Flughafen

Mumbais internationaler Flughafen ist der **Chhatrapati Shivaji International Airport** (CSIA), benannt nach dem Volkshelden „Feldherr“ *(Chhatrapati)* Shivaji Bhosle. Der Flughafen befindet sich im Stadtteil Sahar im Nordosten der Stadt. Schon im Flugzeug muss man eine **Landekarte** ausfüllen, eine Art kurzes Formular, das man bei der Passkontrolle zusammen mit dem Reisepass vorlegen muss. Nach der recht zügig vorangehenden **Passkontrolle** gelangt man zum Gepäckband. Beim Verlassen der Gepäckhalle wird jedes **Gepäckstück geröntgt.**

Ein paar Meter hinter der Röntgenkontrolle wird von einem Beamten der **Gepäckcoupon** inspiziert, der Teil der Landekarte ist und an seiner Perforation davon abgetrennt wird. Auf dem Coupon hat der Passagier zuvor die Zahl seiner Gepäckstücke – Handgepäck als auch eingechecktes Gepäck – eingetragen.

Hinter dieser Kontrolle eröffnet sich nun ein längerer Gang, der von einer Reihe von Schaltern flankiert ist. Hier kann man Geld wechseln (schlechte Kurse – man sollte nur so viel wie nötig wechseln), ein Hotel buchen (besser sein lassen, wenn man das Hotel und deren Lage nicht kennt), einen Leihwagen mieten (nur für Drittwelt-Fahrprofis zu empfehlen) oder **ein Taxi in die Innenstadt buchen.** Dazu hält man Ausschau nach dem Schalter mit der Aufschrift „Pre-Paid Taxi“.

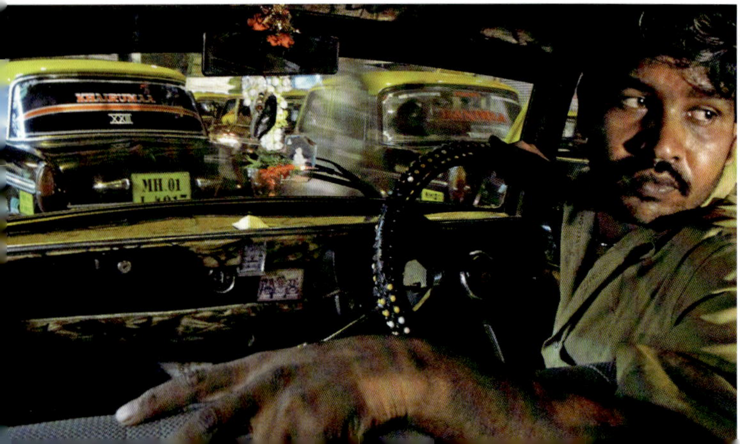

047mb Abb.: rk

EXTRAINFO

Geldautomaten im Flughafen
Beim Verlassen der Ankunftshalle sieht man kurz vor dem Schalter für die Taxis links einen **Automaten der Citibank.** An diesem können mit Kredit- oder Bankkarte bis zu ₹ 20.000 abgehoben werden (Gebühr pro Abhebung ₹ 200). Zur Sicherheit sollte man auch Reisechecks oder Bargeld parat haben. Schon vor Erreichen des Bankautomaten passiert man auf der rechten Seite ein paar Wechselschalter.

048mb Abb.: rk

Die Taxis vom Flughafen fahren zu **Festpreisen**, die sich nach dem Zielort richten. Eine Fahrt nach Colaba (ca. 25 km) kostet z. B. ca. 7,50 €, bei Taxis, die eine Klimaanlage haben, 25 % mehr. Größere Gepäckstücke werden separat berechnet, es handelt sich aber um Cent-Beträge. In die von Touristen aufgesuchten Stadtteile (Colaba, Churchgate, Fort etc.) braucht man mit dem Taxi ca. 1 bis 1 ½ Std. Man sollte den Fahrer bitten, über den **Bandra-Worli Sealink** zu fahren. Dies ist eine Umgehungsbrücke über das Arabische Meer, bei dem man je nach Verkehrslage ca. 15 bis 30 Min. einspart. Außerdem wird man mit einem eindrucksvollen Ausblick auf das Meer und die Skyline des Stadtteils Worli belohnt. Die Gebühr für die Benutzung des Sealink (ca. 0,80 €) muss der Passagier zahlen. Bei Fahrten in die nördlich des Sealink gelegenen Stadtteile wie Bandra und Juhu erübrigt sich die Benutzung der Brücke.

Preiswerte Schuhe im Zaveri Bazar 5 - über den Stil lässt sich vielleicht streiten

Das Taxi ist die einzige sinnvolle Möglichkeit, um vom Flughafen in die Stadt zu kommen. Gleichermaßen erfolgt auch die **Rückfahrt** zum Flughafen per Taxi. Direkt vor Hotels parkende Taxifahrer fordern allerdings meist überhöhte Festpreise.

Ausrüstung und Kleidung

Wer mit leichtem Gepäck reist, hat keine Probleme, **alles Notwendige vor Ort zu kaufen.** Das gilt für Kleidung ebenso wie für Hygieneartikel. Tampons sind bei indischen Frauen nicht sehr beliebt (eher Binden) und vorsichtshalber sollte frau diese von zu Hause mitbringen. Wichtig könnte auch ein Stromadapter sein (s. S. 100). Als Kleidung empfiehlt sich **leichte Sommerkleidung.** Wer diese preiswert kaufen möchte, findet eine gute Gelegenheit in der Fashion Street (s. S. 31). Batterien, Scheren, Feuerzeuge, kleine Schlösser fürs Gepäck und selbst SIM-Karten werden von zahlreichen kleinen Geschäften oder Kiosken verkauft (s. S. 113).

Autofahren

Autoverleihfirmen wie Avis und Hertz sind zwar in Mumbai vorhanden, vom Autofahren sei jedoch jedem **abgeraten.** Der in Indien herrschende **Linksverkehr** ist das geringste Problem. Die chaotischen Straßenverhältnisse überfordern auch den besten westeuropäischen Fahrer. Wenn es dennoch sein muss: Leihwagen kosten ab ca. 25 bis 30 €/Tag.

- **Avis,** Tel. 011 23890707 oder kostenlos innerhalb Indiens unter Tel. 1800112525, 18001032847, www.avis.co.in
- **Hertz,** Andheri-Kurla Rd., Plot Nr. 94, Andheri (E), Mumbai 400059, Tel. 26533141, www.hertz.com. Schalter auch im internationalen und inländischen Terminal des Flughafens, es gilt obige Telefonnummer.
- **Sixt,** 801/802 Crystal Plaza, New Link Rd., Andheri (W), Mumbai 400099, Tel. 60006255, www.sixt.com

Barrierefreies Reisen

Für Menschen mit einer Behinderung ist Mumbai **kein leichtes Pflaster.** Die Bürgersteige sind mit Menschen überfüllt und dazu gibt es zahllose Unebenheiten, Schlaglöcher etc. Dass das Reisen im Rollstuhl in Indien jedoch durchaus möglich ist, beweist der Autor Andreas Pröve. Sein Buch „Mein Traum von Indien: Von Kalkutta zur Quelle des Ganges“ (Piper Taschenbuch, 2006) ist ein Zeugnis bewundernswerten Mutes und nicht minder großer Abenteuerlust.

Behindertenfreundliche **Verkehrsmittel** gibt es in Mumbai nicht. Auf den Bahnsteigen der Lokalbahnhöfe sind zwar die Stellen per Schild markiert, an denen man mit einem Rollstuhl freien Zugang bekommen sollte, in der Praxis aber ist das Bahnhofschaos meist zu groß, als dass sich jemand drum kümmern würde. Andererseits sind die Mumbaikars generell ungeheuer **hilfsbereit** und ein Ausländer im Rollstuhl wird so manche hilfreiche Hand gereicht bekommen. Kurzum: Für körperlich eingeschränkte Menschen ist der Aufenthalt in Mumbai eine Herausforderung, aber nicht unmöglich.

Für Menschen mit einer **Sehbehinderung** dürften der Verkehr und an zweiter Stelle die oft löchrigen Bürgersteige die größte Gefahr darstellen. Es gilt, langsam und umsichtig zu gehen und sich vor dem Überqueren einer Straße in alle Richtungen umzusehen. Einbahnstraßen werden nicht immer nur in eine Richtung benutzt, besonders die oft sehr flinken Fahrradfahrer kümmern sich nicht um Verkehrsregeln.

049mb Abb.: nw

Das Schild an einer Bushaltestelle zeigt an, wo Rollstuhlfahrer einsteigen können

Straßen(schilder)kampf: Briten raus, Inder rein

Im Zuge einer patriotischen Rückbesinnung wurden zahlreiche englischsprachige Namen von Straßen und Lokalitäten auf den Namen indischer Persönlichkeiten umbenannt. In der Alltagspraxis werden aber oft noch die alten englischen Namen benutzt, da diese einfacher und kürzer sind. Viele Straßen haben somit quasi zwei Namen, was Verwirrung schafft. Die allgemein gebräuchlichen Namen sind in der folgenden Liste fett gerdruckt:

- **Apollo Pier Rd.** – Chhatrapati Shivaji Maharaj Marg
- **Arthur Rd.** – Sane Guruji Marg
- **Ballard Rd.** – Shoorji Vallabhdas Marg
- Bazar Gate St. – **Perin Nariman Rd.**
- Carnac Rd. – **Lokmanya Tilak Marg**
- **Crawford Market** – Mahatma Jyotirao Phule Market
- Cruickshank Rd. – **Mahapalika Marg**
- **Charni Rd.** – Ram Mohan Roy Marg
- Churchgate St. – **Veer Nariman Rd.**
- **Colaba Causeway – Shahid Bhagat Singh Marg**
- Elphinstone Circle – **Horniman Circle**
- **Falkland Rd.** – Baburao Patthe Marg
- **Flora Fountain** – Hutatma Chowk
- **Foras Rd.** – R.S. Nimkar Marg
- **Grant Rd.** – M. Shaukat Ali Marg
- **Gauwalia Tank Rd. – August Kranti Marg**
- Gunbow St. – **Rustom Sidhwa Marg**
- **Hanging Gardens** – Pherozeshah Mehta Gardens
- Hornby Rd. – **Dadabhai Naoroji Marg,** kurz **D.N. Rd.**
- Jacob Circle – Gadge Maharaj Chowk, im Volksmund **Saat Rasta** („Siebenerkreuzung")
- **King's Circle** – Maheshwari Udyan
- **Lamington Rd.** – Dr. A. Nair Rd.
- **Marine Drive** – Netaji Subhash Chandra Bose Marg
- **Marine Lines** – Sir Dinshaw Malla Marg
- **Masjid Bunder Rd.** – Yussuf Meher Ali Marg
- **Mutton St.** – Khara Tank Rd.
- Nathalal Parikh Marg – **Wodehouse Rd.**
- **Nepean Sea Rd.** – Lady Lakshmibai Jagmohandas Marg
- **Parsee Bazar St. – Syed Abdullah Brelvi Marg**
- **Peddar Rd.** – Dr. Deshmukh Marg
- **Prince of Wales Museum** – Chhatrapati Shivaji Vastu Sangrahalaya
- Queen's Rd. – **Maharshi Karve Marg**
- Rampart Row – **K. Dubash Marg**
- Sahar International Airport – **Chhatrapati Shivaji International Airport**
- **Sprott Rd.** – S.S. Ram Gulam Marg
- **Tulsi Pipe Rd.** – Senapati Bapat Marg
- Victoria Gardens – Jijamata Bhosle Udyan, im Volksmund **Rani Bagh** („Königinnengarten")
- Victoria Terminus Station (V.T. Station) – Chhatrapati Shivaji Terminus, kurz **C.S.T.**
- **Warden Rd. – Bhulabhai Desai Rd.**
- **Worli Rd. – Veer Savarkar Marg**

050mb Abb.: rk

Diplomatische Vertretungen

In Deutschland, Österreich und der Schweiz

Deutschland

- **Indische Botschaft,** Tiergartenstr. 17, 10785 Berlin, Tel. 030 25795101, Fax 030 25792102, www.indianembassy.de
- **Indisches Generalkonsulat,** Friedrich-Ebert-Anlage 26, 60325 Frankfurt/M., Tel. 069 1530050, 15300510, Fax 069 554125, www.cgifrankfurt.de
- **Indisches Generalkonsulat,** Graumannsweg 57, 22087 Hamburg, Tel. 040 338036, 040324744, 040330557, Fax 040 323757, www.cgihamburg.de
- **Indisches Generalkonsulat,** Widenmeyerstr. 15, 80538 München, Tel. 089 2102390, Fax 089 21023980, www.cgimunich.de

Österreich

- **Indische Botschaft,** Kärntner Ring 2, 1010 Wien, Tel. 01 5058666, www.indianembassy.at

Schweiz

- **Indische Botschaft,** Kirchenfeldstr. 28, 3005 Bern, Tel. 031 3501130, Fax 031 3511557, www.indembassyberne.ch
- **Indisches Generalkonsulat,** 7–9 Rue de Valais, 1202 Genf, Tel. 9068686, 9068679, Fax 9068696
- **Indisches Honorarkonsulat,** Sonnenbergstr. 50, 8032 Zürich, Tel. 043 3443210, Fax 043 2685102, jhm@makwana.com

EXTRAINFO

Reisen mit Kindern

Seit Juni 2012 benötigen auch **Kinder von 0 bis 16 Jahren** für eine Auslandsreise **eigene Ausweispapiere** (Kinderreisepass/Reisepass) mit einem aktuellen Foto. Der Eintrag im Pass der Eltern ist nicht länger gültig. Somit brauchen Kinder auch **ein eigenes Visum.**

In Indien

- **Generalkonsulat der Bundesrepublik Deutschland,** Hoechst House, 10th Floor, Nariman Point, Mumbai 400021, Tel. 22832422, Fax 22025493, www.india.diplo.de, info@mumbai.diplo.de. Mo–Fr 9.30–12.30 Uhr, außer Feiertage
- **Honorargeneralkonsulat von Österreich,** 26 Maker Chambers 6, 2nd Floor, Nariman Point, Mumbai 400021, Tel. 22851734, 22851774, Fax 22870502, tamara_valladares@jasubhai.com
- **Generalkonsulat der Schweiz,** 102 Maker Chambers 4, Nariman Point, Mumbai 400021, Tel. 22884563, Fax 22856566, mum.vertretung@eda.admin.ch

Ein- und Ausreisebestimmungen

Visum

Außer Staatsbürgern von Nepal und Bhutan benötigen alle Indien-Besucher ein **Visum.** Touristenvisa sind üblicherweise **sechs Monate gültig** und berechtigen zur einfachen bzw. mehrfachen Einreise. Geschäftsreisende müssen ein Business-Visum beantragen. Die Gültigkeitsdauer des Visums beginnt mit dem Tag der Ausstellung.

Bis November 2012 besagte das Reglement, dass Reisende mit Touristenvisum erst zwei Monate nach der Ausreise wieder in Indien einreisen konnten – es sei, denn es wurde eine Sondergenehmigung eingeholt (was relativ leicht war). Diese Regelung wurde Ende 2012 abgeschafft. Reisende, die innerhalb von zwei Monaten nach der letzten Ausreise wieder in Indien einreisen wollen, sollten sich aber bei der nächstgelegenen Visastelle vergewissern, ob dies nun wirklich problemlos möglich ist.

Die Visa und Ausnahmegenehmigungen werden heute nur noch in wenigen Ländern von den indischen Auslandsvertretungen erteilt, stattdessen wendet man sich an **Visaagenturen**, die im Auftrag derselben arbeiten. Die Visaanträge können nur noch online gestellt werden. Die ausgedruckten Anträge etc. können persönlich eingereicht oder per Post geschickt werden.

Touristenvisa **können nicht verlängert werden.** Nach deren Ablauf muss ein neues Visum beantragt werden (nur außerhalb von Indien möglich).

Anlaufstellen in Deutschland

- **Visa Application Center,** Cox and Kings GmbH, Wichmannstr. 6, 10787 Berlin, Tel. 030 26949750, Fax 030 2694751, www.in.de.coxandkings.com/berlin1. Zuständig für Berlin (inkl. Brandenburg, Mecklenburg-Vorpommern), Sachsen, Sachsen-Anhalt und Thüringen.
- **Indo-German Consultancy Services (CGIS),** Friedrich-Ebert-Anlage 3, 60327 Frankfurt/M., Tel. 069 7422200, Fax 069 742220280, www.igcsvisa.de. Zuständig für NRW, Hessen, Rheinland-Pfalz und Saarland.
- **Indo-German Consultancy Services (CGIS),** Mundsburger Damm 6, 22087 Hamburg, Tel. 069 7422200, Fax 069 742220280, www.igcsvisa.de. Zuständig für Hamburg, Bremen, Schleswig-Holstein und Niedersachsen.
- **India Visa Application Centre,** Cox and Kings GmbH, Bruderstr. 5A, 80538 München, Tel. 089 23231590, Fax 089 23231591, www.in.de.coxandkings.com/munich1. Zuständig für Bayern und Baden-Württemberg.

Anlaufstelle in Österreich

- **BLS International Visa Service Center,** Hegelgasse 17, Top 9 (nahe Schwarzenbergplatz), 1010 Wien, Tel. 01 94372720, www.blsindiavisa-austria.com

Anlaufstelle in der Schweiz

- **India Visa Application Centre (IVAC),** 25 Seilerstraße, 3011 Bern, Tel. 0900 000018, http://in.vfsglobal.ch

Unterlagen und Kosten

Zur Antragstellung für ein Visum sind zwei identische, farbige **Passfotos** im Format 51 x 51 mm einzureichen. Diese sollen nicht älter als sechs Monate sein und der Antragsteller muss klar zu erkennen sein. Zudem benötigt man einen **Reisepass,** der mindestens noch ein Jahr Gültigkeit haben muss.

Die **Kosten** für ein Touristenvisum betragen 50 € bzw. 80 SFr. Hinzukommen geringfügige Bearbeitungsgebühren und bei postalischer Einsendung die Rückfrankierung.

Devisen- und Zollbestimmungen

Indien

Bargeld in Höhe von mehr als 5000 US$ oder die gleiche Summe in anderen Währungen bzw. 10.000 US$ in Form von Bargeld und Reiseschecks sind bei der Einreise auf einem Formular zu deklarieren. In der Praxis wird die Geldmenge nicht überprüft. Bei der Ausreise darf indisches Bargeld bis zu einer Höhe von ₹ 5000 ausgeführt werden.

Zollfrei eingeführt werden dürfen 200 Zigaretten oder 50 Zigarren oder 250 Gramm Tabak, dazu 2 Liter Spirituosen sowie 1 Laptop. **Verboten** ist die Einfuhr von indischer Währung, Gold und Silber (außer in Form von persönlichem Schmuck), Feuerwaffen und Munition sowie von Satellitentelefonen.

Deutschland/Österreich/Schweiz

Bei der Rückreise nach Europa gelten die folgenden Bestimmungen (für weitere Informationen siehe www.zoll.de, www.bmf.gv.at bzw. www.ezv.admin.ch):

- **Tabakwaren** (über 17-Jährige in EU-Länder und CH): 200 Zigaretten oder 100 Zigarillos oder 50 Zigarren oder 250 g Tabak
- **Alkohol** (über 17-Jährige in EU-Länder): 1 l über 22 Vol.-% oder 2 l bis 22 Vol.-% und zusätzlich 2 l nicht-schäumende Weine; in die Schweiz: 2 l (bis 15 Vol.-%) und 1 l (über 15 Vol.-%)
- **Andere Waren** für den persönlichen Gebrauch (über 15-Jährige): Waren bis zu 430 €. In die Schweiz dürfen andere Waren bis zum Wert von CHF 300 eingeführt werden.

Elektrizität

Die Netzspannung beträgt **220 Volt.** Elektrische Geräte aus Europa können problemlos benutzt werden. Eventuell aber ist ein **Adapter** vonnöten, da in Indien teilweise Dreipolbuchsen benutzt werden. Adapter gibt es für ein paar Cent zu kaufen.

Film und Foto

Das Klima und der allgegenwärtige Staub setzen der Filmausrüstung zu. Kameras sollten in einer relativ staubdichten und – in der Regenzeit – wasserabweisenden Tasche getragen werden. Digitale Fotos können problemlos auf CD gebrannt oder ausgedruckt werden. Das Brennen einer CD kostet ca. 1 €. Ebenso unproblematisch ist die Film- oder Diaentwicklung. Die beste Gegend für alle fotografischen Angelegenheiten ist die Dababhai Naoroji (D.N.) Road im Bereich Fort, etwa vom C.S.T. 9 bis ca. 200 m in südliche Richtung. Hier finden sich zahlreiche Läden zur Entwicklung und zum Kauf von Ausrüstung oder Zubehör. Ein zuverlässiges Geschäft für all dies ist **The Standard Supply Co.**

051mb Abb.: rk

176 [I8] **The Standard Supply Co.,** Image House, 123, W.H. Marg, Fort, Mumbai 400039, Tel. 22612468, 22613311, geöffnet: Mo–Sa 10.30–19.30/20 Uhr

Beim **Fotografieren von Menschen** sollte man um Erlaubnis bitten. Meist wird sie gerne gewährt, vielerorts besteht allerdings **Fotoverbot.** Dazu gehören die Innenbereiche von Bahnhöfen, militärische Anlagen und auch das Allerheiligste vieler Tempel.

Geldfragen

Die indische Währungseinheit ist die **indische Rupie** (INR, ₹), die in **100 Paisa** unterteilt ist. Wer sich nur in Mumbai aufhält, braucht praktisch weder Reiseschecks noch ausländisches Bargeld (außer für die Fahrt vom Flughafen in die Innenstadt). Mit **Maestro-(EC)-** oder **Kreditkarten** lässt sich bei zahlreichen Bankautomaten Geld abheben. Man sollte sich vor der Reise bei seiner Heimatbank informieren, welche **Gebühren** bei der Abhebung im Ausland anfallen. Manche Banken kassieren eine Gebühr von 4 bis 5 €, somit ist es sinnvoll, immer möglichst große Summen abzuheben. Die **Höchstsummen,** die an indischen Automaten mit einer ausländischen Karte abgehoben werden können, variieren je nach Betreiberbank. Meist liegt die Grenze bei ₹ 10.000 oder ₹ 15.000. Bei den Automaten der Citibank lassen sich ₹ 20.000 abheben, allerdings kassiert die Bank eine Einzugsgebühr von ₹ 200. Citibank-Automaten befinden sich im Eingang des Regal Cinema am Regal Circle in Colaba, und in der Zentrale der Citibank (293, D.N. Rd.) im Stadtteil Fort.

Einige deutsche Banken (insbesondere die Postbank) statten ihre Girocards neuerdings aber nicht mehr mit der Maestro-Funktion, sondern mit der neuen europäischen **Bezahlfunktion „V-Pay"** aus. Dieses System soll vor Skimming schützen, da nicht mehr der kopierbare Magnetstreifen, sondern der Chip vom Automaten gelesen wird. Das hat allerdings zur Folge, dass an Bankautomaten außerhalb der EU mit der V-Pay-Karte kein Geld gezogen werden kann, da die Automaten die Chips nicht lesen können. Sollte man eine solche Karte besitzen, bleibt einem nur der Umstieg auf die Kreditkarte.

› Weitere Infos unter www.vpay.de

Das Bezahlen mit **Kreditkarten** ist in den meisten besseren Hotels und auch Restaurants möglich. Das Einwechseln von **Reiseschecks** bei Banken kann umständlich und zeitraubend sein. Empfehlenswerter sind private Wechselbüros wie **Pheroze Framroze.** Für Bewohner des Touristenviertels Colaba ist dieses Büro recht günstig gelegen (ca. 500 m nördlich des Metro Circle; Adressen von Zweigstellen siehe Website). In Colaba befinden sich zahlreiche weitere kleine Wechselstuben.

•**177** [H10] **Pheroze Framroze,** Kalpataru Chambers, 6, Nanik Motwane Marg, Fort, Mumbai 400039, Tel. 02 240317333, Fax 22624837, www.pherozeframroze.com, geöffnet Mo–Fr 10–18 Uhr

Rundumservice: Viele Fotografen am Gateway of India ❽ *verfügen über einen tragbaren Drucker, mit dem sie Erinnerungsfotos gleich ausdrucken können*

Wechselkurse

Stand: Dezember 2012

₹1	0,014 €/0,017 SFr
1 €	₹71,41
1 SFr	₹58,97

Bei privaten Geldwechslern lässt sich auch **Bargeld** der stabileren Währungen eintauschen. Euros werden überall akzeptiert, ebenso Schweizer Franken. Wer aus Asien einreist, kann problemlos seine Thai-Baht, Singapur-Dollars, japanische Yen etc. eintauschen. Abzuraten ist vom **Schwarztausch** bei Personen, die auf der Straße ihre Dienste anbieten. Der Tausch endet häufig in einem Betrug.

Im Notfall lassen sich **Überweisungen** nach Mumbai unkompliziert und schnell durch **Western Union** tätigen (Infos: www.westernunion.com/remit-to-india).

Preisniveau

Am europäischen Standard gemessen sind die **Preise** in Mumbai mit Ausnahme der Hotels niedrig. Taxifahrten sind preiswerter als Busfahrten in Westeuropa. Die Eintrittspreise sind meist sehr gering. Das Essen in Restaurants kann sehr günstig sein, wenn man dies möchte, andererseits kann man in einem Toprestaurant für ein Essen inklusive Alkohol auch schon mal 30 bis 50 € ausgeben. Souvenirs, Kleidung, Bücher und vor allem Medikamente sind sehr preiswert und Zeitungen so günstig, dass man sie fast als „umsonst" bezeichnen kann (ca. 3 bis 6 Cents).

Auf **„Backpacker-Niveau"** sollte ein Tourist mit ca. 25 bis 40 € pro Tag auskommen, wobei die Art der Unterkunft die größte Variable ist. Bei Doppelbelegung des Zimmers kommt man pro Kopf natürlich besser davon. Das Essen muss nicht teuer sein: Schon für 4 bis 5 € kann man sich den ganzen Tag lang in einfachen Lokalen sattessen. Zwei oder drei Taxifahren für Besichtigungen kosten je nach Entfernung vielleicht 2 bis 5 €.

In der **mittleren Preislage** sollte eine Einzelperson mit 40 bis 100 € pro Tag rechnen. Auch hier ist wieder die Wahl der Unterkunft der maßgeblichste Faktor. Für 10 bis 15 € lässt es sich zweimal am Tag gut in (leicht) gehobenen Restaurants essen. Das Frühstück ist in besseren Hotels meist im Preis enthalten. Hinzukommen wieder ein paar Euro für Taxifahrten und Besichtigungen.

Gesundheitsvorsorge

Für einen Aufenthalt in Mumbai gibt es **keine Pflichtimpfungen.** Zur Sicherheit könnte man sich aber gegen Hepatitis, Typhus und Tollwut impfen lassen, obwohl die Gefahr, mit einer der Krankheiten infiziert zu werden, statistisch sehr gering ist. Von den obigen Schutzimpfungen wäre die **gegen Hepatitis** vielleicht am ehesten zu erwägen. **Leitungswasser** und **Eis** sollten gemieden werden. Flaschen mit Mineralwasser gibt es überall zu kaufen (ca. 0,25 € für die Literflasche).

Wer sich nur in Mumbai aufhält, benötigt in der Regel **keine Malaria-Prophylaxe.** Zwar gibt es Malaria in Mumbai, ebenso das von Mücken übertragene Dengue-Fieber, diesen sind aber meist Bewohner ärmerer und unhygienischer Stadtviertel ausgesetzt. Gegen Mücken helfen **Anti-Insekten-Cremes.**

Medikamente können in Indien problemlos gekauft werden (s. S. 109), teilweise auch solche, die in Deutschland einer Rezeptpflicht unterliegen. Auf der negativen Seite sind viele Medikamente **Fälschungen**, nutzlose Plagiate (Diese sind zu unterscheiden von generischen Kopien von Medikamenten, d. h. von namhaften Firmen hergestellte, inhaltsgleiche Imitate). Wichtige Medikamente sollten somit besser von zu Hause mitgebracht werden.

Hygiene

„Aamchi Mumbai, Svachch Mumbai!", lautet ein Slogan der Stadtverwaltung, „Unser Mumbai, sauberes Mumbai!" Bei dem Slogan bleibt es meist auch schon. **Müll** wird achtlos weggeworfen, Mülleimer gibt es nur wenige und die vorhandenen werden kaum benutzt. Stadtteile wie Colaba, Fort, Churchgate, Marine Drive, Breach Candy und Juhu sind für indische Verhältnisse sehr ordentlich und auch für Touristen völlig unproblematisch. In ärmlichen, überbevölkerten Wohngebieten, Slums etc. sieht die Lage natürlich anders aus.

Indische **Toiletten** sind traditionell Hocktoiletten *(squat toilets)*. In Hotels oder Restaurants in Mumbai wird man diese aber so gut wie nie antreffen. Die Toiletten hier sind die uns bekannten *western toilets*. In besseren Etablissements verfügen sie zudem über eine *spray gun*, einen Schlauch mit einer „Wasserspritzpistole", die das Toilettenpapier überflüssig macht. Toilettenpapier wird meist aber ebenfalls vorhanden sein. Das Reinigen mit Papier gilt in Indien als weniger effizient als das mit Wasser, dennoch ist Toilettenpapier heute in jedem Kramladen erhältlich.

Mumbai mit kleinem Geldbeutel

Wer in Mumbai preiswert Urlaub machen will, muss vor allem die ***Unterkunftskosten*** *so weit wie möglich reduzieren. Zu den günstigsten Unterkünften gehören die Schlafsäle des (Salvation Army) Red Shield House (s. S. 116) und des Hotels Travellers' Inn (s. S. 115) sowie das Lawrence Hotel (s. S. 116). Somit hat man ab 3,50 bzw. 8/10 € schon mal ein Dach über dem Kopf.*

Alles Weitere ist leichtes Spiel. Schon für ca. 0,80 bis 1 € kann man eine volle ***Mahlzeit*** *genießen. Dafür bieten sich unter anderem diese Lokale an: Café Bharat (s. S. 37), Café Madras (s. S. 38), Mathura Sweets (s. S. 64) und Pancham Puriwala (s. S. 42). Die Mahlzeiten sind zu diesen Preisen zwangsläufig vegetarisch (so wie die o. g. Restaurants auch rein vegetarisch sind). Für Essen mit Fleisch muss man mehr ausgeben. In diesem Falle empfiehlt sich das Olympia Coffee House (s. S. 41), in dem Fleischgerichte ab ca. 1 € kosten. Mit Beilagen – Chapatis und Tee/Kaffee – kommt man dann mit ca. 2 € davon.*

Die eine oder andere ***Taxifahrt*** *wird man nicht vermeiden können. Bei den niedrigen Fahrpreisen ist dies keine Katastrophe. Für 1 € kommt man ca. 6,5 km weit. Die Busse sind nicht generell zu empfehlen, falls nötig, kommt man damit aber „beinah umsonst" durch Mumbai.*

Öffentliche Toiletten sind rar und zumeist auch wenig einladend. Auf Hindi und Marathi heißen sie – etwas optimistisch – *Sulabh Sauchālāya* (sprich „sautschaalaaja"), etwa „Komfortable Toilette". Die Benutzung ist kostenlos oder kostet ein paar Rupien.

Informationsquellen

Infostellen zu Hause

- **Deutsch-Indische Gesellschaft e. V.,** Oskar-Lapp-Str. 2, 70656 Stuttgart, Tel. 0711 207078, Fax 0711 2992450, www.dig-ev.de
- **India Tourism,** Baseler Str. 48, 60239 Frankfurt/M., Tel. 069 2429490, Fax 069 24294977, www.india-tourism.de. Indische Fremdenverkehrszentrale, zuständig für Europa, die CIS-Staaten und Israel.
- **Indisches Kulturzentrum Berlin,** Stormstr. 10, 14050 Berlin, Tel. 030 3063950, Fax 030 3066059

Listen von Unternehmen, die **Reisen** aus Deutschland, Österreich und der Schweiz nach Indien anbieten, können der Website von India Tourism (unter „Reiseinformationen"/„Adressen") entnommen werden.

Infostellen in der Stadt

Touristeninformation

ⓘ178 [G9] **Government of India Tourist Office,** 1st Floor, Western Railway Reservation Office, 123, Maharshi Karve Rd., Churchgate, Mumbai 400020, Tel. 22074333, geöffnet Mo–Fr 8.30–18 Uhr, Sa 8.30–14 Uhr. Touristenauskünfte, Broschüren und Hotellisten.

ⓘ179 [E10] **Maharashtra Tourism Development Corporation (MTDC) Reservation Office,** C.D.O. Hutments, gegenüber L.I.C. (Yogakshema) Bldg., Madame Cama Rd., Nariman Point, Mumbai 400020, Tel. 22044040, Fax 22024521, www.maharashtatourism.gov.in, geöffnet Mo–Sa 8–20 Uhr. Touristeninfos und Buchungen von Stadttouren sowie Zug- und Hotelbuchungen zu Reisezielen in Maharashtra.

Fahrplanauskünfte

- **Busse, lokal** (BEST): Tel. (kostenlos) 1800 227550 oder (022) 24137937, Infos zu Buslinien und Streckennetz unter http://www.mumbailocal.net/best-best-bus-time-table-mumbai.
- **Busse für Fahrten zu anderen Zielen in MH:** www.msrtconline.com, Tel. 1800221250. Auskunft der staatlichen Busgesellschaft von Maharashtra, MSRCT.
- **Flüge:** Chhatrapati Shivaji International Airport, www.csia.in
- **Züge:** Indian Rail, Tel. 139, www.indianrail.gov.in. Für den Empfang von Infos auf dem Handy siehe www.indianrail.gov.in/n4nuts.html.

Mumbai im Internet

- **www.afternoondc.in.** Website (englischsprachig) des Mittagsblatts Afternoon Dispatch & Courier (jeder nennt es nur Afternoon), Nachrichten und Tratsch aus Mumbai und darüber hinaus.
- **www.bollywoodhungama.com.** Die wahrscheinlich umfassendste Website (englischsprachig) zum Thema Bollywood mit Nachrichten, Filmrezensionen und Videoclips.
- **www.indien-aktuell.de.** Deutschsprachige Informationen und Nachrichten aus Indien, dazu ein Leserforum.

⊡ *In Indien werden über 70.000 Zeitungen verlegt und in Mumbai finden sich Zeitungshändler fast überall*

- **www.maharashtratourism.gov.in.** Touristeninfos (englischsprachig) für den Bundesstaat Maharashtra, auch Buchungen von speziellen Luxuszügen.
- **www.mid-day.com.** Website (englischsprachig) der Mittagszeitung Mid-Day mit ähnlichem Inhalt wie beim Konkurrenzblatt Afternoon.
- **www.mumbai-magic.blogspot.com.** Mumbai-Blog (englischsprachig) mehrerer Autoren.
- **www.mumbaimirror.com.** Internetseite (englischsprachig) der Stadtpostille Mumbai Mirror.
- **www.timeoutmumbai.net.** Die Internetausgabe (englischsprachig) des ausgezeichneten Stadtmagazins TimeOut Mumbai.

Publikationen und Medien

Inder sind passionierte Zeitungsleser und so gibt es auch eine Vielzahl an Zeitungen und Magazinen. Die Zeitungen sind spottbillig (ab ca. 3 Cent), verkauft werden sie ganz einfach an improvisierten Straßenständen auf den Bürgersteigen.

Empfehlenswerte **Tageszeitungen** (englischsprachig) sind The Times of India (www.timesofindia.indiatimes.com), Indian Express (www.indianexpress.com), Hindustan Times (www.hindustantimes.com) und The Asian Age (www.asianage.com). Die Internetausgabe der Times of India ist die meistgelesene Onlinezeitung der Welt. Zu den besten **Wochenmagazinen** (englischsprachig) gehören India Today, Outlook, The Week, Frontline, Tehelka und Open. Die Preise liegen bei ca. 0,40 €.

Eine sehr gute Informationsquelle zu Veranstaltungen, Restaurants, Klubs etc. ist das zweiwöchentlich erscheinende **TimeOut Mumbai** (ca. 0,70 €).

Deutschsprachige Publikationen gibt es zwar nicht zu kaufen, in die Lücke springt aber das **Goethe-Institut.** Hier stehen deutschsprachige Tageszeitungen und Magazine zum Lesen zur Verfügung, dazu eine deutschsprachige Bibliothek, Hörbücher und DVDs. In den meisten besseren Hotels mit Satelliten-TV ist **DW-TV** zu empfangen, das Fernsehprogramm der **Deutschen Welle.**

- •180 [H11] **Goethe-Institut (Max Mueller Bhavan),** K. Dubash Mark, Kala Ghoda, Mumbai 400001, Tel. 22027710, 22873826, Fax 22873826, www.goethe.de/ins/in/mum/deindex.htm, geöffnet Di–Sa 10–17.30 Uhr

052mb Abb.: rk

Internet und Internetcafés

Konzentriert finden sich Internetcafés im Touristenviertel Colaba, einige weitere in Fort und Churchgate. Die Kosten für eine Stunde Surfen liegen bei ca. 0,50 €. Der **Reisepass** ist vorzulegen. Bessere Hotels bieten oft **WLAN** an, meist kostenlos, manchmal auch gegen eine Gebühr. Diese kann gelegentlich mit mehreren Hundert Rupien zu Buche schlagen. WLAN-Hotspots in Cafés u. Ä. sind noch rar. Eine Liste findet sich unter www.aruljohn.com/wifi/mumbai oder www.wificafespots.com/wifi/city/IN–Mumbai.

Vielsurfer mit eigenem Laptop sind mit dem Kauf eines **Prepaid-Internet-Sticks** gut beraten. Es gibt mehrere Anbieter dafür, z. B. Tata Indicom (www.tataindicom.com) und Reliance (www.reliancenetconnect.co.in). Zu kaufen sind die Sticks in den Büros der jeweiligen Unternehmen (Preis ca. 20 €). Dazu kann man sich gleich die darin enthaltene SIM-Karte aufladen lassen. Je nach abrufbarer Datenmenge und Gültigkeitsdauer der Aufladung bestehen unterschiedliche Tarifpläne. Diese sind auf den Websites der Firmen einzusehen. So kosten z. B. 16 GB mit einer Gültigkeit von 30 Tagen bei Reliance ca. 20 €. Tata Indicom ist oft etwas teurer. Nach dem

Meine Literaturtipps

- *Adiga, Arvind: **„Der weiße Tiger“**, H. C. Beck, 2008. Ein Roman, der nicht Mumbai-spezifisch, sondern generell auf Indien beziehbar ist. Geschrieben ist er aus der Sichtweise des Hausdieners und Fahrers eines wohlhabenden Mannes, dessen Launen er hilflos ausgesetzt ist. Adiga fühlt sich mit unglaublicher Feinfühligkeit in das (Macht-)Verhältnis von Herr und Diener ein. Das Buch bekam 2008 den Booker Price.*
- *Gyan, Prakash: **„Mumbai Fables“**, HarperCollins India, 2010. Spannende Charakterskizzen und Geschichten aus Mumbai, bei denen manche vielleicht ein wenig Hintergrundwissen erfordern. Daher vielleicht erst nach den anderen Büchern lesen.*
- *Krack, Rainer: **„Kulturschock Indien“**, Reise Know-How Verlag, 2011. Dieses Buch präsentiert ein ehrliches, manchmal vielleicht schonungsloses, und – wie ich hoffe – doch auch sympathisches Bild von Indien. Jeder wichtige Aspekt der indischen Kultur wird von allen Seiten beleuchtet.*
- *Krack, Rainer: **„Kulturschock Mumbai“**, Reise Know-How Verlag, 2008. Die Bevölkerung Mumbais ist ein ganz eigener Menschenschlag und sie ist auch mächtig stolz darauf. Mumbai tickt nach seiner eigenen Uhr und nach seinen eigenen Regeln. Das Buch ist eine Art Psychogramm einer einzigartigen Stadt.*
- *Mehta, Suketu: **„Maximum City“**, Suhrkamp Verlag, 2006. Mehta kehrt in die Stadt seiner Jugend zurück und findet ein „Monster“ vor. „Wenn Mumbai die Zukunft der urbanen Zivilisation auf dem Planeten ist, so helfe uns Gott“, dies ist vielleicht der Kernsatz dieses äußerst spannenden Porträts einer Stadt der Extreme.*

Erreichen des Datenlimits können die Sticks in allen Läden, in denen auch Handy-SIM-Karten verkauft werden, wieder aufgeladen werden.

Nach eigener Erfahrung ist die Verbindung mit Tata Indicom in großen Städten besser, Reliance hat dafür landesweit ein dichteres Netz. Zum Kauf des Sticks sind **Reisepass** und **ein Passfoto** mitzubringen. Im südlichen Bereich der Stadt finden sich die folgenden, für die meisten Touristen leicht erreichbaren Büros:

- •**181** [G6] **Reliance Web World,** Court House, Ground Floor, Lokmanya Tilak Marg, Dhobi Talao, Mumbai 400002, Tel. 30229998, geöffnet Mo–Sa 10–19.45 Uhr

053mb Abb.: rk

- •**182** [H9] **Tata Indicom,** 21/23, Rustam Bldg., Veer Nariman Rd., Fort, Mumbai 400023, Tel. 66542901, geöffnet Mo–Sa 10–20 Uhr

- *Roberts, Gregory David: „**Shantaram**“, Goldmann Verlag, 2010. Dieser semi-biografische Roman ist ein Muss. Er erzählt die Geschichte des Australiers Lindsay (= Roberts), der in seiner Heimat aus dem Gefängnis ausbricht, im damaligen Bombay in einem Slum unterkommt und sich einer Gangsterbande anschließt. Das Buch strotzt vor geschickt eingestreuten kleinen Lebensweisheiten und vor allem vor Liebe zu Mumbai und Indien. Der Roman enthält wahrscheinlich ebenso viel Fiktion wie Autobiografisches, aber das tut ihm keinen Abbruch.*
- *Tindall, Gillian: „**City of Gold**“, Penguin Books, 1982. Der vielleicht beste geschichtliche Überblick über die Stadt, in der die Bürgersteige angeblich mit Gold gepflastert sind, leicht lesbar und unterhaltsam.*
- *Virani, Pinki: „**Once There Was Bombay**“, Penguin Books, 2001. Ein Portrait von Mumbai und den Veränderungen, die es durchlebt hat, geschildert anhand der Lebensgeschichten einiger seiner Bewohner. Einige (wenige) ihrer Zitate sind in Hindi und leider nicht übersetzt.*
- *Zaidi, S. Hussain: „**From Dongri to Dubai – Six Decades of the Mumbai Mafia**“, Roli Books, 2012. Autor Zaidi ist so etwas wie ein Unterweltskorrespondent in Mumbai, wenige kennen die Gangsterszene besser als er. Das Buch skizziert den Werdegang von Mumbais gefürchtetsten Gangstern, darunter Dawood Ibrahim, dessen kriminelle Karriere im Stadtteil Dongri begann.*
- *Zaidi, S. Hussain: „**Mafia Queens of Mumbai**“, Tranquebar Press, 2011. Zaidi widmet sich einem oft übersehenen Aspekt der Mafiaszene von Mumbai, nämlich den Frauen, die darin das Sagen hatten oder haben. Wie immer bei Zaidi ist das Buch kurzweilig geschrieben.*

Maße, Gewichte und Zähleinheiten

Es werden meist die uns bekannten Maß- und Gewichtseinheiten benutzt, dazu gibt es aber noch einige uns fremde Begriffe:

- **Arab:** 10 Crore (s. u.) = 100 Mio.
- **Crore:** englische und generell übliche Schreibweise für Hindi *kror* = 10 Mio.
- **Lakh:** 100.000
- **Pau:** ein Viertel (Kilo oder Liter), gebräuchliche Einheit beim Lebensmittelkauf auf Märkten etc.
- **Tola:** 11,6638038 Gramm, indische Gewichtseinheit, benutzt beim Kauf von Gold und anderen Edelmetallen

Medizinische Versorgung

Krankenhäuser

Die Krankenversorgung in den **Privatkrankenhäusern** Mumbais ist sehr gut, nicht umsonst fliegen viele Patienten aus dem Ausland ein, vor allem aus arabischen Ländern. Die Kosten können allerdings erheblich sein, eine **Auslandskrankenversicherung** ist ratsam.

Außer dem Nanavati Hospital besitzen alle der unten aufgeführten Adressen auch eine Zahnabteilung.

- ⊕183 [bg] **Bhatia Hospital,** Tardeo Rd., Mumbai 400007, Tel. 66660000, Fax 66660566, www.bhatiahospital.org.
- ⊕184 [G7] **Bombay Hospital,** Marine Lines, Mumbai 400020, Tel. 22067676, Fax 2208071, www.bombayhospital.com.
- ⊕185 **Dr. Bhalabhai Nanavati Hospital** (besser bekannt als Nanavati Hospital), S.V. Road, Vile Parle (W), Mumbai 400056, Tel. 26267500 (24 Std. Notruf), Tel. 26182255, www.nanavatihospital.org.
- ⊕186 **Hinduja Hospital,** Veer Savarkar Marg, Mahim, Mumbai 400016, Tel. 24449199, 24452222, 24451515, www.hindujahospital.com.
- ⊕187 [bf] **Jaslok Hospital,** Dr. Deshmukh Marg (Peddar Rd.), Mumbai 400026, Tel. 66573333, 66573010, Fax 23520508, www.jaslokhospital.net.
- **Krankenwagen** (bei Unfällen) Tel. 102
- **24-Std.-Notdienst** (Stadtteil Fort) Tel. 22662059, 22662913

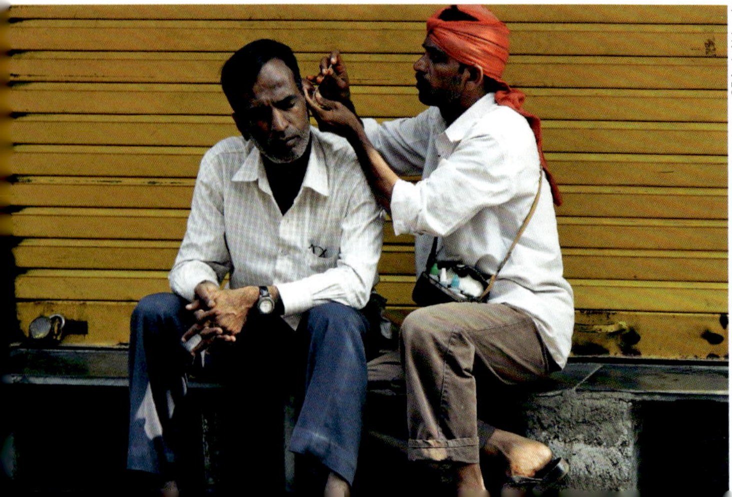

054mb Abb.: rk

Apotheken

Apotheken (*pharmacy, chemist's* oder auf Hindi *dawāī-khānā*) sind in Mumbai zahlreich vertreten. Eine Konzentration von besonders gut sortierten Apotheken findet sich im Bombay Hospital Marg, Marine Lines, am Nordrand des Bombay Hospital.

Medikamente sind in Indien extrem billig, problematisch sind aber die vielen „Fakes", nutzlose Imitate, die auf dem Markt kursieren. Eine Gewähr kann somit nicht gegeben werden. Demnächst soll es möglich sein, Medikamente auf ihre Echtheit zu überprüfen, indem die Seriennummer der Packung mit dem Handy an eine bestimmte Telefonnummer geschickt wird.

Die folgenden zwei Apotheken sind altgedient und arbeiten nach eigenem Dafürhalten korrekt. Die Medikamente können auch ins Hotel geliefert werden.

- ⊕188 [F9] **Alankar Chemists,** 3-B, Stadium House, Veer Nariman Rd., Churchgate, Mumbai 400020, Tel. 22816622, 22816633, geöffnet: Mo–Sa 11–21 Uhr
- ⊕189 [F9] **Wordell Chemists,** Brabourne Stadium House, Veer Nariman Rd., Churchgate, Mumbai 400020, Tel. 22820768, 22821426, geöffnet: 11–21 Uhr

Mit Kindern unterwegs

Inder sind im Allgemeinen sehr kinderlieb; ein Ehepaar ohne Kinder gilt als unvollständig und bedauernswert. In öffentlichen Bereichen, Restaurants etc., wird Kindern oft sehr viel Freiraum gelassen, Ermahnungen sind selten. Anders als in Europa kann frei herumgetobt werden. Westliche Gäste müssen sich vielleicht erst daran gewöhnen, dass Kinder in Restaurants ordentlich Radau machen und sich niemand daran stört. Andererseits ist es vielleicht dieser Mangel an Schelte, der die meisten Inder später im Leben zu so wenig berührungsängstlichen und lebensfrohen Menschen macht.

Im öffentlichen Bereich gibt es ansonsten **nicht viele kinderspezifische Beschäftigungsmöglichkeiten.** Parks und Spielplätze sind rar. Eine Möglichkeit zum Spielen bietet sich im **Kamala Nehru Park** (s. S. 78), und der **Zoo** ㉑, so wenig Tiere er auch zu bieten hat, wäre vielleicht einen Besuch wert. Ein großer Spaß ist sicher das Füttern der Kühe in **Panjrapole** (s. S. 70). Eine Rundfahrt mit der **Tonga** (Pferdekutsche, s. S. 113) vom Taj Mahal Palace Hotel oder Trident Oberoi Hotel wäre eine weitere Möglichkeit, Kindern die Zeit zu vertreiben. Wenn es in Mumbai nichts mehr zu unternehmen gibt, könnte man auch die lange Fahrt nach **Esselworld** (s. S. 89) erwägen. **Kindgerechte Nahrungsmittel, Windeln** etc. gibt es in zahlreichen Supermärkten wie **Asiatic Store, Sahakari Bhandar** und **Suryodaya** (s. S. 33) zu kaufen.

Notfälle

Bei Verlust der Maestro-(EC-) oder der Kreditkarte gibt es für Kartensperrungen eine **deutsche Zentralnummer** (unbedingt vor der Reise klären, ob die eigene Bank diesem Notrufsystem angeschlossen ist).

In **Österreich** und der **Schweiz** gibt es keine zentrale Sperrnummer, daher sollten sich Besitzer von in diesen

◁ „Kaan-Saaf" (Ohrreiniger) bieten ihre Dienste an

Notrufnummern

- **Polizei:** Tel 100
- **Feuerwehr:** Tel 101
- **Krankenwagen:** Tel 102 (bei Unfällen)

Ländern ausgestellten Maestro-(EC-) oder Kreditkarten vor der Abreise bei ihrem Kreditinstitut über den zuständigen Sperrnotruf informieren.

Generell sollte man sich immer die **wichtigsten Daten** wie Kartennummer und Ausstellungsdatum separat notieren, da diese unter Umständen abgefragt werden.

- **Deutscher Sperrnotruf:** Tel. +49 116116 oder Tel. +49 3040504050
- **Weitere Infos:** www.kartensicherheit.de, www.sperr-notruf.de

Bei dem **Verlust von Reiseschecks** gilt: Nur wenn man den Kaufbeleg mit den Seriennummern der Reiseschecks sowie einen Polizeibericht vorlegen kann, wird der Geldbetrag von einer größeren Bank vor Ort binnen 24 Std. zurückerstattet. Folglich muss der Verlust oder Diebstahl umgehend bei der örtlichen Polizei und auch bei der ausstellenden Bank gemeldet werden. Die Rufnummern für die diversen Reiseländer findet man auf der Notrufkarte, die man mit den Reiseschecks erhalten hat.

⌃ *Briefkastenleerung: Zum Glück sind das keine Säcke mit übriggebliebener Post, sondern nur Zementsäcke*

⌃ *„Ich gebe dir 20!" – ein Polizist bei „Verhandlungen"*

Öffnungszeiten

Bei Geschäften gibt es keine geregelten Öffnungszeiten. **Kleinere Geschäfte** haben von ca. 10/11 bis 20/22 Uhr geöffnet, **Supermärkte, Shoppingcenter** usw. von ca. 9/10 bis 20.30/21 Uhr. Nur wenige Geschäfte schließen an Sonn- oder Feiertagen.

Die Öffnungszeit von **Ämtern** ist von Mo bis Fr zwischen 9.30 und 17.30 Uhr, **Museen** öffnen Di bis So von ca. 10 bis 18 Uhr.

055mb Abb.: rk

Post

Die indische Post (www.indiapost.gov.in) ist zwar nicht die schnellste, dafür kommt das meiste, was abgeschickt wurde, auch irgendwann an. **Briefe und Postkarten** nach Europa sind gut 7 bis 10 Tage unterwegs, Einschreiben 2 bis 3 Wochen. Die **Portogebühren** sind gering: Ein Brief bis zu 20 g kostet ca. 0,30 € (₹ 20), eine Postkarte ca. 0,10 € (₹ 7). Soll es schneller und zuverlässiger zugehen, können die Briefe per **EMS Speedpost** versandt werden, wobei sich das Porto aber vervielfältigt. Ein Brief mit Dokumenten und maximal 100 g Gewicht kostet ca. 10 €. Dauer ca. 4 bis 5 Tage.

Luftpostpakete sind ca. 2 bis 3 Wochen unterwegs. Das erlaubte Maximalgewicht beträgt 20 kg. Ein Paket mit 5 kg kostet ca. 25 €. Der **Seefracht-Dienst** wurde 2009 eingestellt.

Im Hauptpostamt, dem General Post Office, findet sich ein **Postlagerschalter** *(Poste Restante)*. Postlagernde Briefe sind folgendermaßen zu adressieren: Name des Empfängers, c/o Poste Restante, und dann die Adresse des General Post Office. Die Briefe sind an Schalter 3 abzuholen. Dazu muss man seinen Reisepass mitbringen.

✉**190** [I7] **General Post Office (G.P.O.),** Walchand Hirachand Marg, Mumbai 400001, Tel. 22620956, www.maharashtrapost.gov.in, geöffnet Mo–Sa 9–18 Uhr

Schnell und sicher, wenn auch relativ teuer, sind **Kurierdienste:**

- **Blue Dart/DHL,** Tel. 28241234, www.bluedart.com, zahlreiche Filialen in Mumbai, siehe Website unter „Location Finder", Dauer ca. 3 Tage
- **Federal Express,** Tel. 18002096161, 60604639, Mo–Sa 9–21 Uhr (außer Feiertage), www.fedex.com
- **UPS,** Tel. 28276200, Mo–Sa 8.30–20.30 Uhr, www.ups.com

Schwule und Lesben

In Indien wurde die Homosexualität erst 2008 entkriminalisiert und dies wurde mit einer ersten „Gay Pride Parade" in Mumbai gefeiert. Mit großer Toleranz ist in der „normalen" Bevölkerung allerdings nicht zu rechnen – oft eher mit Feindseligkeit. Als schwulenfreundliche Lokale (eine ausgesprochene Lesbenszene gibt es nicht) gelten **Leopold Café & Bar** (s. S. 45) und **The Ghetto.**

Im Mai findet das **Kashish Mumbai International Queer Film Festival** statt, dessen Filme an verschiedenen Austragungsorten in der Stadt gezeigt werden. Teilnahme nur nach Registrierung auf der Homepage des Festivals (www.mumbaiqueerfest.com).

191 [af] **The Ghetto,** 30B Bhulabhai Desai Rd. (Warden Rd.), Mumbai 400026, Tel. 23538418

Sicherheit

Entgegen so manchem Vorurteil ist Mumbai eine **sehr sichere Stadt.** Straftaten an Ausländern sind extrem selten. Taschendiebstähle kommen allerdings vor, in Zügen und Bussen und auf Bahnhöfen ist in dieser Beziehung Wachsamkeit angebracht.

Im Touristenviertel Colaba offerieren dubiose Gestalten **Drogen.** Wer sich darauf einlässt, begibt sich auf gefährliches Pflaster.

Die **Polizei** gilt generell als korrupt. Ausländer haben allerdings nichts zu befürchten, die Polizei begegnet ausländischen Touristen mit großem Respekt. Falls man Opfer einer Straftat geworden ist, muss auf einer Polizeistation ein **Protokoll,** genannt **F.I.R. (First Information Report),** erstellt werden. Man sollte darauf achten, dass das Protokoll auch eine ordnungsgemäße Aktennummer hat, unter der nachgefragt werden kann.

056mb Abb.: rk

In besonderen **Notfällen** (alles Geld gestohlen und kein Rückflugticket o. Ä.) ist die Heimatbotschaft bzw. das Konsulat (s. S. 98) zu verständigen. Dass die Auslandsvertretung Geld für ein Rückflugticket, Essen etc. vorschießt, ist heutzutage recht unwahrscheinlich, zumindest wird man aber behilflich sein, Familienangehörige zu kontaktieren, die das nötige Geld auf eine Kontonummer des Auswärtigen Amtes überweisen. Das Geld wird dann von der Auslandsvertretung ausgezahlt.

Sprache

Die Amtssprachen in Indien sind **Englisch** und **Hindi.** In Mumbai spricht ein großer Teil der Bevölkerung **Marathi,** das mit dem Hindi verwandt ist. Dazu werden zahlreiche weitere Sprachen und Dialekte gesprochen. Mit Englisch kommt man in Mumbai fast immer gut zurecht, zumindest im touristischen Bereich und in den besseren Stadtvierteln. Ein paar Sätze Hindi können aber durchaus hilfreich sein. Einige Sprachbeispiele finden sich im Anhang (s. S. 130).

In der Reihe Kauderwelsch des Reise Know-How Verlags sind die folgenden für Mumbai geeigneten Bände erschienen:

- **Hindi Wort für Wort,** Kauderwelsch Band 17, Rainer Krack
- **Hindi Slang – das andere Hindi,** Kauderwelsch Band 219, Rainer Krack und Daniel Krasa
- **Hindi für Bollywoodfans,** Daniel Krasa
- **Marathi Wort für Wort,** Kauderwelsch Band 160, Daniel Krasa
- **Hindi 3 in 1,** Kauderwelsch Jubiläumsband 6. Ein Sammelband bestehend aus den Bänden Hindi, Hindi Slang und Hindi für Bollywoodfans.

Stadttouren

Zur Teilnahme an Stadtführungen und -touren ist üblicherweise der **Reisepass** mitzubringen.

- **Beyond Bombay,** Tel. 9867764409, www.beyondbombay.in. Führungen durch Mumbais Mega-Slum Dharavi, dazu interessante Touren zu den „Spielorten" von Romanen (s. S. 106), die in Mumbai angesiedelt sind. So heftet man sich an die Fersen von Gregory David Roberts und seinem „Shantaram" und eine andere Führung widmet sich „Maximum City" von Suketu Mehta.
- **Bombay Heritage Walks,** www.bombayheritagewalks.com, Tel. 23690992, 26835856. Besuche der Stadtteile Fort oder Walkeshwar oder eine exklusive Jewish Heritage Tour, bei der die jüdische Geschichte der Stadt erforscht wird, ganz bequem im Auto mit Chauffeur. Preis ca. 100 €.
- **Dharavi Tours mit Mohammad Sadique,** Tel. 9022035407, mdsadique3@gmail.com. Mohammad ist ein junger Mann, der selbst in Dharavi aufgewachsen ist und das Umfeld und die Menschen bestens kennt. Preis nach Vereinbarung.
- **Harbour Tour.** Den ganzen Tag legen an den Ufertreppen hinter dem Gateway of India (8) kleine Ausflugsboote zu Hafentouren ab. Viel zu sehen gibt es aber nicht, wer nach Elephanta (27) fährt, erhält praktisch denselben Ausblick. Preis knapp 1 €, Dauer ca. 30 Min. Tickets direkt am Pier.
- Die **Maharashtra Tourism Development Corporation** (s. S. 104) bietet u. a. Bustouren durch Mumbai.
- **Mumbai Darshan,** Neeta Tours & Travels, www.neetatravels.co.in, Tel. 28902666, 28904843, Buchungen auch in Reisebüros. Ausgedehnte Bustouren (7–19 Uhr), bei denen so gut wie alle großen und kleinen Sehenswürdigkeiten Mumbais zu bewundern sind, auch solche,

auf die man gerne verzichten kann: Das Breach Candy Hospital muss man nicht unbedingt gesehen haben, auch wenn Amitabh Bachchan 1982 dort im Koma lag. Kostenpunkt bei Bussen ohne Klimaanlage ca. 2 €, Luxusbusse mit Klimaanlage 7 €.

- **Old Bombay Bicycle Tours,** Woodside Inn, Wodehouse Rd., Colaba, Mumbai 400039, Tel. (Mo–Sa 10–18 Uhr) 22875752. Sonntägliche Fahrradfahrten, bei denen unbekannte Aspekte der Stadt erkundet werden. Die Tour endet mit einem Frühstück im Woodside Inn (s. S. 50). Preis ca. 22 €.
- **Raju Chudasama (Atlanta Tourist Service),** Tel. 9324231077, raju2india@yahoo.com. Raju Chudasama ist ein „1-Mann-Tourunternehmen". Die Touren werden auf die persönlichen Wünsche der Besucher zugeschnitten und dazu ist Raju der netteste und herzlichste Führer, den man sich wünschen kann.
- **Raconteur Walks,** Tel. 9820025496, 9769327288, www.mumbaiwalkingtours.com. Führungen durch diverse Bereiche des Stadtteils Fort, solide drei Std. lang und beim Preis von ca. 22 € nicht zu teuer.
- **Reality Tours,** Tel. 22833872 (Mo–Fr 10.15–18, Sa 10.15–15.30 Uhr), www.realitytoursandtravel.com. Besuche von Dharavi, je nach Dauer ab ca. 7 €, dazu Führungen über Märkte und durch Mumbai bei Nacht.

Tongas

Tongas (Hindi: *tangā*) sind bunt geschmückte, mit „Discobeleuchtung" ausgestattete **Pferdekutschen** für Vergnügungsfahrten. Die meisten Tongas parken am Taj Mahal Palace Hotel ❽ weitere am Trident Oberoi Hotel am Marine Drive ⓫. Die Preise sind auszuhandeln. Eine Fahrt von 30 Min. sollte ca. 5 bis 6 € kosten.

Telefonieren

Für internationale Telefonate stehen zahlreiche sogenannte **ISD-** oder **STD-Läden** zur Verfügung, in denen man sehr preiswert telefonieren kann (ISD = International Self-Dialling, STD = Self-Trunk Dialling). Im Touristenviertel Colaba gibt es sie an fast jeder Ecke. Die Kosten werden auf einer elektronischen Anzeige angezeigt. Eine Minute nach Europa kostet ca. 0,15 bis 0,20 €.

Vieltelefonierer mit SIM-lock-freiem Handy können sich eine lokale **Prepaid-SIM-Karte** zulegen. Diese gibt es von zahlreichen Anbietern (Airtel, BSNL, Reliance, Vodafone u.a.). Verkauft werden sie in ISD-/STD-Shops oder in zahlreichen Kramläden. In Colaba oder Fort findet man sie auf Schritt und Tritt. Zum Kauf sind Kopien der relevanten Seiten im **Pass** mitzubringen (die Seite mit den Personaldaten, Visum und Einreisestempel), dazu ein **Passfoto.** Die SIM-Karten gibt es zu ca. 3 bis 5 € und beinhalten meist ein Grundguthaben. Ein Ortsgespräch kostet ca. ₹ 1/Min., ein Gespräch nach Europa etwa das Zehnfache.

EXTRAINFO

Vorwahlen

- **Österreich:** 0043
- **Schweiz:** 0041
- **Deutschland:** 0049
- **Indien:** 0091
- **Mumbai:** 022

Bei Ortsgesprächen innerhalb Mumbais vom Handy aus muss die Ortsvorwahl mitgewählt werden.

Uhrzeit

Indien ist der mitteleuropäischen Sommerzeit um 3 ½ Std. voraus, zur Winterzeit um 4 ½ Std. Wer aus Europa einfliegt, benötigt aufgrund des **Jetlags** ca. 3 bis 4 Tage, um seine „interne Uhr" anzugleichen.

Unterkunft

Wohnraum ist knapp in Mumbai und das schlägt sich auch auf die **Hotelpreise** nieder. Wer einen gewissen Komfort schätzt, sollte mindestens 50 € für ein Hotelzimmer veranschlagen, realistisch gesehen aber eher 70, 80 oder 90 €. Die Doppelbelegung bei Hotelzimmern ist in der Regel etwa 10 bis 25 % teurer als die Einzelbelegung. Die Zimmerpreise setzen sich aus einem Grundpreis plus eventueller Luxussteuer von 10 %, einer geringen Mehrwertsteuer und einer „Service Tax" zusammen (ca. 6–10 %). Bei Preisanfragen sollte man also immer nach dem Endpreis fragen bzw. auf der Website danach Ausschau halten („inclusive of all taxes").

Im untersten Preisbereich (bis zu 30 oder 35 €) wird man nur mäßig wohnliche Zimmer vorfinden. Für junge Leute bzw. Backpacker sind sie wahrscheinlich in Ordnung, für Bessersituierte und Reisende im mittleren oder höheren Lebensalter, zudem eventuell ohne Indien-Erfahrung, wahrscheinlich weniger. Die Zimmer haben zum Teil keine Klimaanlage, nur einen Deckenventilator, das Mobiliar ist oft überaltert. Das Wasser im Bad ist unter Umständen nur kalt. Zimmer im höheren Bereich dieser Kategorie können über Klimaanlage und Fernseher verfügen.

Im mittleren Preissegment gehören Klimaanlage und Satelliten-TV schon zur Standardeinrichtung und das Wasser im Badezimmer wird kalt als auch heiß aus dem Hahn fließen. Möglicherweise ist ein Kühlschrank vorhanden, eventuell WLAN (kostenlos bzw. kostenpflichtig). Die Einrichtung kann uralt-klapprig oder mehr oder weniger modern sein.

In der hohen Preislage sind Klimaanlage, Satelliten-TV (Flatscreen), Kühlschrank oder Minibar, Wasserkocher für Tee oder Kaffee und WLAN so gut wie selbstverständlich. Manchmal ist noch ein DVD-Player mit dabei. Mit großer Wahrscheinlichkeit ist ein Frühstück im Preis inbegriffen, aus diesem Grunde wird es in den folgenden Hotelempfehlungen nicht gesondert erwähnt. Das Frühstück ist häufig ein Buffet mit gemischter Kost, *continental* als auch indisch, vegetarisch und nichtvegetarisch.

Am obersten Ende der Skala finden sich Fünfsternehotels wie das Taj Mahal oder J.W. Marriott. Ohne Reservierung können diese Luxusherbergen mehrere Hundert Euro kosten. Günstiger sind oft Internetbuchungen. In dieser Hotelklasse findet sich der gleiche Luxus, den ein entsprechendes Hotel in Europa auch bieten würde.

Preiskategorien

Die Preiskategorien beziehen sich auf eine Übernachtung im Einzelzimmer, Doppelzimmer kosten ca. 10 bis 25 % mehr.

€	bis 35 € (₹ 2435)
€€	35–70 € (₹ 2435–4870)
€€€	70–140 € (₹ 4870–9740)
€€€€	über 140 € (₹ 9740)

Unterkünfte im Zentrum

Niedrige Preislage

192 [G13] **Aga Beg's Paying Guest House** €, Ground Floor, Shirin Manzil, Walton Rd., Colaba, Mumbai 400005, Tel. 22842227. Zur Auswahl steht eine Palette unterschiedlicher, preiswerter Zimmer, von relativ modernen mit Bad, Klimaanlage und TV zu solchen ohne eigenes Bad, dazu ganz preiswerte, die eher kleine Zellen sind und zudem fensterlos. Für die niedrigen Preise kann man jedoch kaum mehr verlangen. Ähnlich ist das Angebot des im selben Gebäude (2. und 3. Stock) untergebrachten **Kishan Hotel** (Tel. 22021534).

193 [F8] **Bentley Hotel** €-€€, Krishna Mahal, 3rd Floor, Marine Drive, Mumbai/ Ecke „D" Road, Mumbai 400020, Tel. 22815244, 22819448, 22811789, 22819459. In einem der teuren, wenn auch etwas abgewohnten alten Prachtbauten des Marine Drive versteckt sich dieses kleine Hotel, das sich aber als angenehme Überraschung präsentiert. Die Etage, auf der sich das Hotel befindet, ist frisch renoviert und modern, und die Zimmer, wenn auch klein, sind wohnlich und für den Preis sehr gut. Mit Klimaanlage und TV.

194 [G13] **Bentley's Bed & Breakfast** €, Avabai Mansion, Henry Rd., Colaba, Mumbai 400039, Tel. 22881706, Fax 22871846. Eine einfache Unterkunft für Rucksackreisende, alles andere als spektakulär, dafür preiswert. Die Bilder auf der Homepage sehen übertrieben gut aus. Die Zimmer haben TV, sind aber sehr beengt, nur die teureren haben dazu eine Klimaanlage. Die Treppen im Gebäude sind ebenfalls reichlich eng, einen Lift gibt es nicht. Kostenlose Internetbenutzung an einem PC, dazu kostenloses WLAN.

195 [G13] **Bentley's Hotel** €-€€, 17, Oliver Rd., Colaba, Mumbai 400039, Tel. 22882890, 22880442, 22841474, 22841733, 22823246, Fax 22871846, www.bentleyshotel.com. Sehr beliebt bei Rucksacktouristen, aber auch budgetbewussten Einheimischen, mit einer Vielzahl unterschiedlicher Zimmer. Sie unterscheiden sich in Größe und Ausstattung, das relativ hohe Alter des Mobiliars ist aber eine Konstante. Viele Gäste mögen das etwas schrullige Ambiente. Dem Unternehmen gehören einige weitere Zimmer in einem gegenüberliegenden Gebäude, das Flair ist aber in etwa dasselbe. Am besten wäre es, sich vorher einige Zimmer anzusehen und dann die Wahl zu treffen. Die Lage in seiner sehr ruhigen Seitengasse im Stadtteil Colaba ist ein Plus.

196 [I8] **Hotel Travellers' Inn** €, 26, Adi Marzban St., S.B.S. Road, Ballard Estate, Fort, Mumbai 400001, Tel. 22644685, www.hoteltravellersinn.

057mb Abb.: rk

Um den Crawford Market (10) *herum befinden sich einige billige Absteigen*

co. Ein Ableger von Bentley's Hotel (s. S. 115) ist dieses, nur aus fünf Zimmern bestehende kleine Guesthouse. Links neben dem Travellers's Inn, an der Ecke Shahid Bhagat Singh Rd., befindet sich das Café Universal, ein altes Parsi-Restaurant, das sich heute zu einem modernen, aber gemütlichen Restaurant/Café gemausert hat (Tel. 22613985, geöffnet: 11–23 Uhr).

197 [H11] **Lawrence Hotel** €, 33, Saibaba Marg, off K. Dubash Marg, Kala Ghoda, Fort, Mumbai 400001, Tel. 22843618. Dies ist eine sehr empfehlenswerte Low-Budget-Unterkunft, die aus nur sieben Zimmern besteht, die sich im 3. Stock eines etwas baufällig wirkenden Gebäudes befinden. Dorthin gelangt man mit einem quietschenden Lift, bzw. spät abends ist dieser abgestellt und man muss sich zu Fuß nach oben befördern. Die Zimmer sind spartanisch eingerichtet (keine Steckdosen – Handys können im Büro des Managers aufgeladen werden), aber makellos sauber. Badezimmer und Toiletten finden sich außerhalb der Zimmer, aber auch diese sind sehr sauber. Das größte und teuerste Zimmer und die beste Option im Haus ist ein Dreibettzimmer. Ein Frühstück ist im Preis jeweils inbegriffen.

198 [H12] **(Salvation Army) Red Shield House** €, 30, Mereweather Rd., Colaba, Mumbai 400039, Fax 2824613. Buchungen nur bei Vorkasse, maximale Aufenthaltsdauer eine Woche, Check-out-Zeit jeweils 9.15 Uhr. Seit Jahrzenten ist das Red Shield eine der ersten Anlaufstellen für Backpacker auf Spartrip. Neben einem sehr preiswerten Schlafsaal (nach Geschlechtern getrennt) gibt es Zimmer mit Deckenventilator und eigenem Bad (eventuell befindet es sich außerhalb des Zimmers, aber alleinige Benutzung). Zimmer als auch Toiletten haben schon bessere Zeiten gesehen. Die Lage mitten in Colaba ist allerdings hervorragend und der Schlafsaal ist eine der preiswertesten Unterkunftsmöglichkeiten, die man in Mumbai bekommen kann.

199 [G12] **YMCA (Central Branch) Men's Hostel** €, 12, Nathalal Parekh Marg, Colaba, Mumbai 400039, Tel. 22021316, 2202079, 22826384, Fax 22828314, central@ymcabombay.com. Vor der Übernachtung muss man sich eine Mitgliedschaft ausstellen lassen (minimale Summe), aber es lohnt: Die Unterkunft (nur für Männer) in 2- bis 4-Bett-Zimmern kostet weniger als so manche Mahlzeit in der Stadt, zudem ist die Lage in Colaba sehr gut.

Mittlere Preislage

200 [H9] **Benazeer Hotel** €€, 16, Rustom Sidhwa Marg (Gunbow St.), Fort, Mumbai 400001, Tel. 22611725, 40024949, Fax 22617798, www.benazeerhotelmumbai.com. Rechts neben dem Hotel Residency (s. S. 117) gelegen, mit einfachen, aber durchaus akzeptablen Zimmern. Das Mobiliar ist nicht mehr das aktuellste, alles funktioniert aber und die Zimmer sind sauber. Die Bilder auf der Homepage sind allerdings etwas unrealistisch. Am besten sind die größeren, etwas teureren Zimmer, wie z. B. Nr. 304. Alle Zimmer mit Kilmaanlage und TV. Die nach vorne hinaus gelegenen Zimmer sollten des Straßenlärms wegen vielleicht besser gemieden werden. Ein weiterer Nachteil ist, dass das Haus keinen Lift hat. Ansonsten für diese Gegend eine gute Option.

201 [G4] **Hotel Adarsh Baug** €€, 103, Dr. Atmaram Merchant Rd./Ecke Dadiseth Agiary Lane, Bhuleshwar-Kalbadevi, Mumbai 400002, Tel. 22415001, Fax 22415007, Check-out-Zeit 8 Uhr, statt wie meist üblich 12 Uhr. Wer mitten im Trubel von Bhuleshwar-Kalbadevi absteigen möchte, findet hier die beste Gelegenheit dazu. Das Adarsh Hotel, wie es meist kurz genannt wird, ist das bevorzugte Hotel vieler Geschäftsleute hier, westliche Touristen sieht man praktisch nie. Die Zimmer haben Klimaanlage und TV, die normalen Zimmer sind etwas klein und es lohnt, ein teureres „Executive Double" oder eine „Executive Suite" zu wählen. In der Umgebung des Hauses herrscht praktisch 20 Stunden am Tag Lärm, in den oberen Etagen hört man davon allerdings erstaunlich wenig oder gar nichts. Für Touristen ohne Asien-Erfahrung ist diese Wohngegend aber vielleicht weniger zu empfehlen.

202 [H9] **Hotel Residency** €€, 26, Rustom Sidhwa Marg/Ecke D.N. Road, Fort, Mumbai 400001, Tel. 22625525, 66670555, Fax 22619164, www.hotelresidency.com. Im Stadtteil Fort ist dies die Unterkunft mit dem besten Preis-Leistungs-Verhältnis. Die Zimmer sind zwar klein, dafür modern ausgestattet (TV, Klimaanlage, elektronischer Safe, kostenloses WLAN) und die schalldichten Fenster halten den Straßenlärm draußen. Dazu gibt es einige etwas größere und teurere Zimmer („Club Residency"), die einen zusätzlichen DVD-Player aufweisen. Die Lage in Fort, nahe C.S.T., ist ausgezeichnet, man befindet sich mitten im kolonialen alten Bombay. Das Hotel ist sehr beliebt und in der Hauptsaison sind eventuell langfristige Vorbuchungen notwendig. Das Residency ist ein Schwesterhotel des teureren, exzellenten Ascot Hotel (s. S. 117).

203 [G11] **YWCA International Guest House** €€-€€€, 18, Madame Cama Rd., Fort, Mumbai 400001, Tel. 22025053, 66247222, Fax 22020445, www.ywaic.com. Seit Jahrzehnten bietet das YMCA einen exzellenten Gegenwert, 2012 wurde das Haus noch einmal renoviert und auf den neusten Stand gebracht. Die Zimmer (Klimaanlage, TV) sind blitzsauber, alles funktioniert und in den relativ mäßigen Preisen ist sogar Frühstück und Abendessen enthalten (veg./non-veg.). Bei Buchung muss eine Anzahlung geleistet werden, die etwas höher ist als der Preis für eine Übernachtung. Die Einzelzimmer liegen alle an der Vorderseite des Hauses, Verkehrslärm dürfte aber kaum wahrzunehmen sein. Am oberen Ende der Skala stehen große Familienzimmer zur Verfügung. Kostenloses WLAN.

204 [bf] **YMCA International House** €-€€, 18, YMCA Road, Mumbai 400008, Tel. 61540100, Fax 23091101, www.ymcabombay.com, 15–65 €. Für einen guten Deal muss man manchmal weit fahren. Das ist hier beim YMCA, das für Mumbai-Verhältnisse hervorragenden Gegenwert bietet, sicher der Fall. Die Lage, nahe der Mumbai Central Station, ist nicht besonders gut, da relativ weit von den meisten Attraktionen der Stadt entfernt, was man für sein Geld bekommt, ist aber riesig. Die Zimmer sind sauber und komfortabel, die Ausstattung entscheidet über den Preis. Die preiswertesten Zimmer sind auf ein Gemeinschaftsbad angewiesen und haben nur Ventilator, keine Klimaanlage, ab ca. 40 € bekommt man ein Zimmer mit Klimaanlage, TV und Wasserkocher. Am wichtigsten ist aber, dass im Preis drei Mahlzeiten mit eingeschlossen sind. Zur Hauptsaison sind oft langfristige Vorbuchungen nötig.

Höhere Preislage

205 [G13] **Ascot Hotel** €€€, 38, Garden Rd., Colaba, Mumbai 400039, Tel. 66385566, 66385500, 9892403333 (Handy), Fax 66385555, www.ascothotel.com. Das Ascot ist ein Schmuckstück unter den Hotels in Colaba: ein kleines Boutiquehotel in bester Lage mit Zimmern, die nicht sauberer oder besser ausgestattet sein könnten. Von den Glasschreibtischen bis zu den hochmodernen Badezimmern strahlen sie moderne Eleganz aus. Am besten sind die nach hinten hinaus gelegenen, etwas teureren Suiten, die riesengroß sind und zudem auch den Straßenlärm fernhalten, den man an der Vorderseite geringfügig mitbekommt. Langfristige Vorbuchungen sind besonders in der Hauptsaison anzuraten. Zimmer mit Klimaanlage, TV, Kühlschrank, Safe, Wasserkocher, Fön, WLAN u. a.

206 [F9] **Astoria Hotel** €€€, Churchgate Reclamation, Jamshetji Tata Rd., Mumbai 400020, www.astoriamumbai.com, Tel. 66541234, 22871211, Fax 22854200. Die prächtige Eingangshalle, die fast an ein Fünfsternehotel erinnert, lässt schon einiges erwarten. Sieht man dann die Zimmer, so findet sich der erste gute Eindruck bestätigt. Das Astoria ist eine graue Eminenz unter den Hotels dieser Gegend, aber immer noch in Topform. Ein Vorteil bei älteren Bauten wie diesem ist die Größe der Zimmer, die in Mumbai heutzutage niemand mehr so großzügig bemessen würde. Die Lage in der Nähe der Churchgate Station und zahlreicher guter Restaurants ist ein weiteres Plus. Zimmer mit Klimaanlage, TV, Kühlschrank und Wasserkocher. WLAN ist kostenpflichtig.

058mb Abb.: rk

207 [F9] **Chateau Windsor Guest House** €€-€€€, 88, Veer Nariman Rd., Churchgate, Mumbai 400020, Tel. 66224455, Fax 22026459, www.chateauwindsor.com. Der erste Eindruck beim Chateau Windsor ist nicht der beste, denn ein klappriger Lift bringt einen zur Rezeption, die wie eine altertümliche indische Amtsstube aussieht. Die Zimmer sind jedoch ordentlich, gut renoviert, mit Klimaanlage, TV, Kühlschrank, Safe und WLAN (kostenpflichtig). In dieser teuren Ecke, halbwegs zwischen Churchgate Station und dem Marine Drive, ist dies Hotel folglich keine schlechte Wahl.

208 [J8] **Grand Hotel** €€€, 17 Shri S.R. Marg, Ballard Estate, Fort, Mumbai 400001, Tel. 66580500, Fax 66580501, www.grandhotelbombay.com. Wie das Astoria ist das Grand Hotel (gegr. 1922) ein Vermächtnis aus einer geruhsameren und vor allem weniger beengten Zeit: Die Zimmer sind an heutigen Maßstäben gemessen riesig, zudem exzellent renoviert, urgemütlich und modern zugleich: Klimaanlage, TV, DVD-Player, Kühlschrank, Wasserkocher, Safe, kostenloses WLAN. Manche Zimmer haben zudem einen kleinen Balkon. Das Haus samt kostenlosem Fitnessstudio ist um einen Innenhof gebaut und die Zimmer befinden sich um eine Art Wandelgang – alles ist großzügig und luftig angelegt. Die Lage im ruhigen Ballard Estate ist ebenfalls von Vorteil.

209 [G13] **Hotel Garden** €€€, 42, Garden Rd., Colaba, Mumbai 400039, Tel. 22841476, Fax 22044290, www.hotelgarden.co.in. Ein sauberes und ordentliches Hotel, dessen Name – wie der Straßenname – von dem kleinen Park auf der anderen Straßenseite herrührt. Das Umfeld ist für Mumbai-Verhältnisse sehr grün, die Straße sehr ruhig. Die Lage ist schon viel wert, Taj Mahal Palace Hotel und Gateway of India sind nur ein paar Fußminuten entfernt. Die Zimmer sind modern eingerichtet, mit Klimaanlage, TV, Kühlschrank, Safe und WLAN. Sie fallen von Größe und Architektur her ein wenig unterschiedlich aus und falls möglich sollte man sich das eine oder andere zeigen lassen. Das im Preis inbegriffene Frühstücksbuffet wird im nebenan gelegenen Hotel Godwin (s. u.) eingenommen, das demselben Besitzer gehört.

210 [G13] **Hotel Godwin** €€€, 41, Garden Rd., Colaba, Mumbai 400039, Tel. 22872050, 22841226, www.hotelgodwin.co.in. Ruhig gelegen in einer baumgesäumten Gasse im Touristenviertel Colaba und eines der besten Hotels im Viertel in dieser Preislage. Die Zimmer sind hell, modern und makellos sauber, Klimaanlage und heißes Wasser funktionieren bestens, ebenso das kostenlose WLAN. Ein elektronischer Safe ist vorhanden. Auf dem Dach im 9. Stock befindet sich ein Open-Air-Restaurant mit sehr guter Aussicht auf Colaba. In der Nebensaison oder bei längeren Aufenthalten kommt einem der Manager, Mr. Narendra Singh, gerne preislich entgegen. Überhaupt ist er für seine Gäste unermüdlich im Einsatz.

211 [E10] **Hotel Marine Plaza** €€€-€€€€, 29, Marine Drive, Mumbai 400020, Tel. 22851212, 1800111222 (innerhalb von Indien kostenlos), Fax 22828585, www.hotelmarineplaza.com. Wer das nötige Reisegeld hat, könnte sich mit dem Marine Plaza etwas Gutes tun. Das am Marine Drive gelegene Hotel bietet jeglichen Komfort und dazu von seiner Vorderseite aus den Blick auf die grandiosen Sonnenuntergänge über dem Arabischen Meer. Zudem ist es relativ klein und nicht so bombastisch und anonym wie andere Hotels dieser Klasse. Die Zimmer haben Klimaanlage, TV, Minibar, einen elektronischen Safe, Fön, Wasserkocher u. a., das WLAN ist gebührenpflichtig. Swimmingpool vorhanden. Dazu gibt es zwei Restaurants und einen Pub (Geoffrey's). Das 24 Std. geöffnete Restaurant The Bayview mit großartigem Ausblick bietet dreimal täglich sehr gute, preiswerte Buffets (Frühstück 7–10.30 Uhr, Lunch 12–15 Uhr, Dinner 19.30–23 Uhr, Midnight 12.30–3 Uhr). Preislich besonders interessant wird das Hotel in der Nebensaison.

212 [H12] **Hotel Suba Palace** €€€, Apollo Bunder, Gateway of India. Colaba, Mumbai 400039, Tel. 22020636, Fax 22020812, www.hotelsubapalace.com. Die Lage in unmittelbarer Nähe des Gateway of India ist ausgezeichnet, die Zimmer sind nicht allzu groß, aber sehr sauber und modern eingerichtet (Klimaanlage, TV, Kühlschrank, elektronischer Safe, Wasserkocher, schalldichte Fenster, WLAN kostenpflichtig). Manche Zimmer haben eine Verbindungstür zum Nebenzimmer (für reisende Familien, die die Zimmer kombinieren), dadurch kann etwas Lärm dringen sowie Zigarettenrauch. Falls man dagegen empfindlich ist, sollte man auf ein Zimmer ohne Zwischentür bestehen.

213 [F9] **Sea Green Hotel** €€-€€€, 145 Marine Drive, Mumbai 400020, Tel. 66336525, 22822294, Fax 66336530, www.seagreenhotel.com. Das Privileg, am Marine Drive zu wohnen, muss nicht selten über Gebühr bezahlt werden. Das Sea Green Hotel hat ordentliche und saubere, wenn auch wenig spektakuläre Zimmer (Klimaanlage, TV, Kühlschrank, WLAN gegen Gebühr), die eigentlich etwas preiswerter sein müssen, wäre die Lage nicht so renommiert. Von den Zimmern an der Vorderseite bietet sich ein Blick aufs Arabische Meer und seine Sonnenuntergänge – aber ebenso auf den stetig vorbeifließenden Verkehr, der auch Lärm bereiten kann. Die Zimmer an der Rückseite sind ruhig.

214 [F9] **Sea Green South Hotel** €€-€€€, 145-A Marine Drive, Mumbai 400020, Tel. 66336535, 22821613, Fax 66336540, www.seagreensouth.com. Im selben Gebäude wie das Sea Green Hotel befindet sich das Sea Green South Hotel. Es hat einen eigenen Eingang, getrenntes Management, aber ansonsten bietet sich dasselbe Bild. Gleiche Preise, ähnliche Zimmer.

215 [H13] **Sea Palace Hotel** €€€, 26, P. J. Ramchandani Marg, Colaba, Mumbai 400039, Tel. 61128000, 22841828, 22854404, Fax 61128003, 22854403, www.seapalacehotel.net. Die Lage des Hotels ist unschlagbar, von den nach vorne hinaus gelegenen Zimmern blickt man über die Bucht, wenn man sich ein wenig hinauslehnt, sieht man das Gateway of India. Die Zimmer (Klimaanlage, TV, Kühlschrank) sind groß, könnten aber zeitgemäßer eingerichtet sein. Einige kleinere Zimmer befinden sich hinten hinaus, diese sind nicht empfehlenswert. Bei Buchungen sollte man vorher klarstellen, was für ein Zimmer man bekommt.

8 [H12] **Taj Mahal Palace Hotel** €€€€. Mumbais Vorzeigehotel, in dem schon jeder abgestiegen ist, der Rang und Namen hat – Politiker, Schauspieler und Musiker, von Bill Clinton und Barrack Obama bis zu den Beatles.

216 [E10] **Trident Oberoi Hotel** €€€€, Marine Drive, Nariman Point, Mumbai 400021, Tel. 66325757, Fax 66324142, www.oberoihotels.com. Luxushotel in bester Lage am Marine Drive. Es war 2008 Zielscheibe des Terrorangriffs (s. S. 59), ist aber mittlerweile renoviert und geschäftig wie eh und je.

Unterkünfte in Juhu

217 **J.W. Marriott** €€€€, Juhu-Tara Rd., Juhu, Mumbai 400049, Tel. 66933000, Fax 66933100, www.marriott.com. Wer schon mal in einem Marriott gewohnt hat, weiß, dass es ein Qualitätserlebnis ist. So auch in Mumbai. Das Hotel befindet sich direkt am Strand, hat drei Pools samt tropischem Garten, Fitnessräume, ein Spa, eine Disco (Enigma, s. S. 50), komfortable, teils sehr geräumige Zimmer mit allem 5-Sterne-Komfort und einen aufmerksamen Service. Bei Zimmerbuchungen ist abzuklären, ob das Zimmer Meerblick hat. Ein weiteres Plus ist das durchweg großartige Essen, serviert in fünf Restaurants und einem fantastischen Coffeeshop, dem Lotus Café (24 Std., außer Mo, dann ist 22.30–6.30 geschlossen). Letzterer bietet die besten und reichhaltigsten Buffets der Stadt. Sonntags wird ein noch extravaganterer Brunch geboten.

218 **ISKCON Ashram** €€, 111, Hare Krishna Lane, Juhu, Mumbai 400049, Tel. 26206860, Fax 26205214, guesthouse.mumbai@pamho.net, ca. 35–50 €. Für Menschen, denen die spirituelle Atmosphäre am ISKCON-Tempel **23** in Juhu zusagt oder die gerne etwas „exotisch" wohnen wollen, empfiehlt sich dieses Hotel, das dem Tempel angeschlossen ist. Es befindet sich links neben dem Zugang zum Tempel. Die Zimmer sind ordentlich eingerichtet, wahlweise mit oder ohne Klimaanlage, aber ohne TV. Außerdem darf nicht geraucht und kein Alkohol konsumiert werden. Vorteilhaft ist die Nähe zum Meer: Der Strand von Juhu ist nur ca. 3 Minuten Fußweg entfernt. Das dem Tempel angeschlossene, vegetarische Restaurant ist eine (Extra-)Klasse für sich.

219 **Oakwood Premier** €€€-€€€€, 29/1, J.R. Mhatre Rd. (opp. Iris Park), Juhu, Mumbai 400103, Tel. 66238888, www.

oakwood.com. Dies ist kein übliches Hotel, sondern es gibt „Serviced Apartments“ mit dem Vorteil, dass man neben den üblichen Hotelannehmlichkeiten auch eine Kücheneinrichtung mit Herd, Toaster, Mikrowelle etc. hat. Es gibt 1- und 2-Zimmer-Apartments, Letztere haben sogar eine Spülmaschine. WLAN ist kostenpflichtig. Ein Nachteil vielleicht: Das Haus liegt im inländischen Teil von Juhu, nicht am Meer. Das auf der Dachterrasse befindliche Restaurant Azok by Vineet mit innovativer indischer Küche ist erstklassig (Tel. 66238894, 12.30–15.30 und 19.30–1.30 Uhr). Chefkoch Vineet Bhatia ist der erste indische Koch, der mit einem Michelin-Stern ausgezeichnet wurde.

220 Sun 'n' Sand Hotel €€€-€€€€, 39, Juhu Beach, Mumbai 400049, Tel. 26201811, 66938888, Fax 26202170, www.sunnsandhotel.com. Dieses über 50 Jahre alte Hotel ist die große alte Dame von Juhu, ein Luxushotel der ersten Stunde, direkt am Strand gelegen. In der Lobby hängen die Bilder zahlreicher Stars von Bollywood als auch Hollywood, die alle schon mal zu Gast waren. Die Zimmer haben Klimaanlage, TV, Minibar. WLAN nur in öffentlichen Bereichen. Der Aqua Coffee Shop ist 24 Std. geöffnet, sonntagmittags gibt es einen Brunch mit Riesenauswahl.

Verhaltenstipps

Inder sind westlichen Besuchern gegenüber **sehr entgegenkommend, freundlich und kontaktbereit.** Einladungen gibt es viele, Telefonnummern werden schneller ausgetauscht als man sein Handy zücken kann. Die Kontaktfreudigkeit hat allerdings Grenzen. So sind es so gut wie immer Männer, die Touristen ansprechen, selten Frauen. **Frauen** werden höchstens Frauen ansprechen oder aber sie sind Händlerinnen und werben für ihre Waren. Entsprechend unterliegen auch Touristinnen gewissen **Kontaktbeschränkungen.** Mit fremden Männern sollte „frau“ nur so viel reden wie es die Situation (Verkaufsgespräch, im Restaurant, Taxi o. Ä.) erfordert. Wenn es darüber hinausgeht – mit Scherzen, Lachen etc. –, kann dies als Bereitschaft zu „mehr“ ausgelegt werden. Relativ konservativ sollte auch die Kleidung sein. Zwar gibt es auch viele Inderinnen, zumeist Teenager, die mit sehr kurzen Röcken oder Hotpants herumflanieren, dies sind aber meist selbstbewusste Mädchen aus der Oberschicht, die genau wissen, wie sie jemanden zurechtzuweisen haben, wenn er sich daneben benimmt.

059mb Abb.: rk

Parken verboten: Die Schuhe müssen allerdings an der Tempelschwelle abgelegt werden

Verhaltenstipps

In ein kleines Minenfeld kann man beim Thema **Essen und Trinken** stolpern. Viele Hindus sind Vegetarier, die Jains so gut wie immer. Hindus, die keine Vegetarier sind, essen – bis auf wenige Ausnahmen – kein Rindfleisch und meist auch kein Schweinefleisch, dafür Huhn, Ziege oder Fisch. Strenggläubige Moslems essen kein Schweinefleisch und trinken keinen Alkohol. Auch bei vielen Hindus und Jains ist Alkohol verpönt. Bei gegenseitigen Einladungen sollte man daher vorher abklären, wie die Gastgeber/Gäste es halten.

In **Tempeln und Moscheen** sind die Schuhe vor der Tür auszuziehen. In Tempeln der Jains dürfen zudem keine Nahrungsmittel mitgenommen werden und Frauen haben während der Menstruation keinen Zutritt.

Ein Problem sind oft die **Bettler**, die sich besonders gerne an westliche Touristen hängen. „Westler" lassen sich leicht ein schlechtes Gewissen machen und viele sind durch Anfassen und Grapschen seitens der Bettler verunsichert. Kein Tourist muss aber ein schlechtes Gewissen haben, dies gebührt den korrupten indischen Politikern, die die zahlreichen Missstände im Land (mit)verursacht haben. Wenn man einem Bettler etwas geben möchte, sollte man das nur bei den Menschen tun, die nicht arbeitsfähig sind, und das auch in „vernünftigen" Summen, die auch ein Einheimischer geben würde, also vielleicht ₹5 bis 20.

Unter indischen **Gesten** sind sicher die, die „Ja" und „Nein" signalisieren, die missverständlichsten. Das „Ja" wird durch ein mehrfaches Schlenkern des Kopfes von der einen Seite zur anderen ausgedrückt. Die Geste ist unserem „Nein" verwirrend ähnlich. Das indische „Nein" hingegen ist eine Art abruptes, seitwärtiges Schütteln des Kopfes, manchmal unterstützt durch ein kurzes, abfälliges Schnalzen. Meist dauert es geraume Zeit, bis man die Gesten unterscheiden kann.

Gute Karten: ausgelassen spielende Kinder in einem der ärmeren Stadtteile

Verkehrsmittel

Auto-Rikschas (Motor-Rikschas)

In Thailand nennt man sie Tuks-Tuks: kleine dreirädrige Minitaxis, deren Motoren ein „tuckerndes“ Geräusch veranstalten. Die Auto-Rikschas, kurz „Auto“, sind schwarz mit ein wenig gelbem Beiwerk und haben einen **Taxameter.** Einige der Taxameter sind elektronisch, andere sind mechanisch und müssen per Hand angeworfen werden. Die mechanischen Taxameter wurden nach den zahlreichen Fahrpreiserhöhungen nicht neu geeicht, sie zeigen alte Tarife an. Folglich muss der neue, tatsächliche Tarif von einer Umrechnungstabelle (*conversion table*) abgelesen werden. Man findet sie unter www.magicalmumbai.com/231/mumbai-autorickshaw-fare-card. Der Fahrer muss sie ebenfalls parat haben und auf Anfrage präsentieren.

Der Anschlagpreis von ₹ 1 bedeutet in Wirklichkeit ₹ 15, das ist der Mindestpreis, der bis zu einer Entfernung von 1,6 km gültig ist. Von Mitternacht bis 4.59 Uhr wird ein Zuschlag von 25 % erhoben.

Die Auto-Rikschas sind aus Süd-Mumbai verbannt, sie dürfen nur im nördlichen Bereich – nördlich des Mahim Creek, ab dem Stadtteil Bandra – fahren.

Busse

Die **Verkehrsgesellschaft BEST** (www.bestundertaking.com) unterhält ein dichtes Busnetz. Ihre roten Busse befördern täglich 4,5 Mio. Passagiere. Viele der Busse sind Doppeldeckerbusse nach Londoner Vorbild. Die Fahrpreise sind extrem günstig (je nach Strecke ₹ 4–26), die Busse allerdings oft auch sehr überfüllt. Neben den regulären Bussen ohne Klimaanlage fahren einige wenige Busse mit Klimaanlage, die etwas teurer sind. Für ₹ 40 kann man ein Tagesticket kaufen, es ist beim Schaffner im Bus erhältlich.

Für Ausländer wird die Benutzung der Busse dadurch erschwert, dass die Fahrtziele oft **nur in Hindi/Marathi angegeben** sind. Im Normalfall wird man sich als Tourist nur selten mit dem Bus in Mumbai fortbewegen wollen, zumal eine Fahrt mit dem Taxi ungeheuer preiswert ist. Aus diesem Grund wird in diesem Buch nur in besonderen Fällen auf Busverbindungen hingewiesen.

› Verzeichnisse der **Buslinien** und ihre **Routen** finden sich unter www.mumbailocal.net/best-best-bus-time-table-mumbai und www.magicalmumbai.com/743/mumbai-best-bus-routes-and-numbers.

Taxis

In Mumbai sind ca. 60.000 Taxis unterwegs, die allesamt mit CNG *(Compressed Natural Gas)* betrieben werden, und unter normalen Umständen ist es leicht, ein Taxi zu bekommen. Die meisten Taxis haben **keine Klimaanlage,** sie sind an ihrer gelb-schwarzen Farbgebung zu erkennen: gelbes Dach, schwarzer Unterbau. Die relativ wenigen Taxis mit Klimaanlage erkennt man an ihrer hellblauen Farbe. Generell sind Taxis meist Modelle der Marken Fiat, Maruti oder Tata Indica.

Taxis neueren Baujahrs haben elektronische **Taxameter:** Anschlagpreis ₹ 19 bei Taxis ohne Klimaanlage, ₹ 23 bei Taxis mit Klimaanlage (jeweils für die ersten 1,6 km). Danach kostet jeder Kilometer ₹ 12,35 bzw. ₹ 15,43 (mit Klimaanlage).

061mb Abb.: rk

Viele ältere Taxis verfügen nur über alte mechanische Taxameter, die umständlich per Hand angestellt werden müssen, seit Jahrzehnten nicht neu geeicht wurden und somit überholte Fahrpreise anzeigen. Der tatsächliche Fahrpreis muss von einer Umrechnungstabelle *(fare conversion table)*, die alle Fahrer besitzen müssen, abgelesen werden. Sie ist auch hier einzusehen: www.taxiautofare.com/taxi-fare-card/Mumbai-Taxi-fare. Die Anzeige „₹ 1" bedeutet in Wirklichkeit „₹ 19". Von Mitternacht bis 4.59 Uhr wird ein Nachtzuschlag von 25 % erhoben, auch dieser ist auf der Tabelle verzeichnet. Generell sind Taxifahrten so spottbillig, dass sie das **Fahrzeug der Wahl** sein dürften.

Soll es etwas Besseres sein als die normalen Taxis, so bietet sich der Service der Firma **CabTab** an. CabTab verfügt über bequeme, klimatisierte Limousinen, die telefonisch bestellt werden müssen. Der Anschlagpreis des Taxameters (gültig bis zu 1 km) ist ₹ 27, jeder folgende Kilometer kostet ₹ 20 (Nachttarif: ₹ 33,25/25).

› **CabTab,** Tel. 63636363, www.tabcab.in

Züge

Churchgate Station [G9] und Chhatrapati Shivaji Terminus ❾ sind die End- und Ausgangspunkte dreier Bahnlinien, die täglich 7 Millionen Menschen befördern. Die Linien sind die **Western Railway** (Endpunkt Churchgate Station), die **Central Railway** und die **Harbour Line** (Endpunkt jeweils C.S.T.). Die Züge sind sehr effizient und in der Regel das schnellste Verkehrsmittel, um von einem Ende der Stadt ans andere zu gelangen. Auf der anderen Seite sind sie oft so **unglaublich überfüllt**, dass einem Europäer Angst und Bange werden kann.

Das Straßenbild wird von den zahlreichen Taxis weitgehend dominiert

Klassenschranken: In den Vorortzügen sind die Abteile der 1. und 2. Klasse durch Gitter getrennt

Wenn man es richtig angeht, können die Züge aber eine gute und schnelle Methode sein, um in die Vororte zu gelangen. Grundsätzlich sollte man **nur 1. Klasse fahren.** Die Wagons der 1. Klasse sind durch rote Streifen bzw. bei den **nur für Frauen reservierten Waggons oder Abteilen** grüne Streifen markiert. Auf den Bahnsteigen zeigen Schilder die Stellen, vor denen die 1.-Klasse-Abteile halten. Bitte beachten: Wenn man versehentlich in einem 2.-Klasse-Abteil gelandet ist, kann man von dort nicht zur 1. Klasse durchgehen: Die beiden Klassen sind durch Eisenstäbe voneinander getrennt.

Wenn möglich, sollte man die Fahrt **möglichst früh morgens antreten.** Zwischen 8 und 10 Uhr sind die Züge in der Richtung von Süden nach Norden fast leer, vor allem die Waggons der 1. Klasse. Auf dem Rückweg von Norden nach Süden (z. B. mittags oder nachmittags) wird es allerdings schon etwas voll werden, auch in der 1. Klasse. Am besten fährt man von Süd nach Nord an Sonn- oder Feiertagen. Der Samstag ist die zweitbeste Wahl.

Die Züge unterteilen sich in die schnellen **Fast Trains,** die nicht an allen Stationen halten, und die langsameren **Slow Trains** – die Anzeigentafeln auf den Bahnsteigen zeigen die Kürzel „F" oder „S". Eine Fahrt von Churchgate Station nach z. B. Andheri oder Vile Parle (Zielbahnhöfe für Juhu) kostet in der 1. Klasse ₹ 85.

Am günstigsten ist es vielleicht, gleich ein **Tagesticket** zu kaufen *(Tourist Day Pass),* das am Tag der Gültigkeit zu beliebig vielen Fahrten berechtigt: Preis in der ersten Klasse ₹ 210, in der zweiten Klasse ₹ 50. Für drei Tage kosten Touristenpässe der ersten Klasse ₹ 365, für fünf Tage ₹ 430.

062mb Abb.: rk

Versicherungen

Für alle abgeschlossenen Versicherungen sollte man vor dem Urlaub die **Notfall- und Policenummer notieren.** Bei einem Notfall muss die Versicherungsgesellschaft unverzüglich telefonisch verständigt werden. Der Abschluss einer **Jahresversicherung** ist in der Regel kostengünstiger als mehrere Einzelversicherungen. Günstiger ist auch die **Versicherung als Familie** statt als Einzelpersonen. Hier sollte man nur die Definition von „Familie" genau prüfen.

Die Kosten für eine Arztbehandlung in Indien werden von den gesetzlichen Krankenversicherungen in Europa nicht übernommen, daher ist der Abschluss einer **privaten Auslandskrankenversicherung** vonnöten. Bei Abschluss der Versicherung – mit max. 1 Jahr Gültigkeit – muss man auf einige Punkte achten: Es sollte ein Vollschutz ohne Summenbeschränkung bestehen. Im Falle einer schweren Krankheit oder eines Unfalls sollte auch der Rücktransport übernommen werden. Wichtig ist, dass im Krankheitsfall der Versicherungsschutz über die vorher festgelegte Zeit hinaus automatisch verlängert wird, wenn die Rückreise nicht möglich ist. **Schweizer** sollten bei ihrer Krankenversicherungsgesellschaft nachfragen, ob die Auslandsdeckung auch für Indien inbegriffen ist. Sofern man keine Auslandsdeckung hat, kann man sich kostenlos bei Soliswiss (Gutenbergstr. 6, 3011 Bern, Tel. 031 3810494, www.soliswiss.ch) über mögliche Krankenversicherer informieren. Ausführliche **Quittungen** (mit Datum, Namen, Bericht über Art und Umfang der Behandlung, Kosten der Behandlung und Medikamente) sind Voraussetzung, damit die Auslagen von der Versicherung erstattet werden.

Ob es sich lohnt, weitere Versicherungen wie eine Reiserücktrittsversicherung, Reisegepäckversicherung, Reisehaftpflichtversicherung abzuschließen, ist individuell verschieden. Eine **Reiserücktrittsversicherung** für 35 bis 80 € lohnt sich nur für teure Reisen und für den Fall, dass man vor der Abreise einen schweren Un-

063mb Abb.: rk

fall hat, schwer erkrankt, schwanger wird, die Kündigung oder nach Arbeitslosigkeit einen neuen Arbeitsplatz bekommt, die Wohnung abgebrannt ist u. Ä. Terroranschlag, Streik, Naturkatastrophe etc. gelten dagegen nicht als Grund, von einer Reise zurückzutreten.

Eine **Reisegepäckversicherung** lohnt sich selten, da z. B. bei Flugreisen verlorenes Gepäck oft nur nach Kilopreis und auch sonst nur der Zeitwert nach Vorlage von Rechnungen ersetzt wird. Wurde eine Wertsache nicht im Safe aufbewahrt, gibt es bei Diebstahl auch keinen Ersatz. Kameraausrüstung und Laptop dürfen beim Flug nicht als Gepäck aufgegeben worden sein. Gepäck in einem unbeaufsichtigt geparkten Fahrzeug ist ebenfalls nicht versichert. Die Liste der Ausschlussgründe ist lang. Überdies deckt häufig die Hausratsversicherung schon Einbruch, Raub und Beschädigung von Eigentum ab, auch im Ausland. Im Falle eines Verlustes muss der Versicherung als Schadensnachweis ein Polizeiprotokoll (s. S. 111) vorgelegt werden.

Eine **Privathaftpflichtversicherung** besitzt man in der Regel schon. Hat man eine **Unfallversicherung**, sollte geprüft werden, ob diese im Falle plötzlicher Arbeitsunfähigkeit aufgrund eines Unfalls im Urlaub zahlt. Auch durch manche (Gold-)Kreditkarten ist man für bestimmte Fälle schon versichert. Diese Versicherung gilt jedoch meist nur für den Karteninhaber.

Wetter und Reisezeit

Die **beste Reisezeit** sind die Monate **Dezember und Januar.** In Mumbai liegen die Höchsttemperaturen mittags um 27 bis 30 Grad, nachts kann das Thermometer auf 15 oder 16 Grad fallen. Die Luftfeuchtigkeit ist sehr gering. Der **Februar** ist auch noch ein ausgezeichneter Reisemonat, die Temperaturen sind nur leicht höher, bei ca. 28 bis 32. Die Luftfeuchtigkeit steigt allmählich.

Beschaulicher Tagesausklang am Marine Drive 11

Wetter und Reisezeit

Im **März** steigen die Temperaturen stetig bis auf ca. 32 bis 34 Grad an, mit stets höher werdender Luftfeuchtigkeit. Im **April** klettert die Luftfeuchtigkeit weiter in die Höhe, und obwohl die Höchsttemperaturen kaum 34 oder 35 Grad überschreiten, kann es sehr heiß wirken.

Der **Mai** ist der **heißeste Monat** mit Höchsttemperaturen von 36 oder 37 Grad. Die Luftfeuchtigkeit ist sehr hoch und der Schweiß läuft. Auf der positiven Seite ist die Stadt relativ leer, denn es sind Schulferien und viele Bessersituierte fahren in Urlaub. Die Hotels in Mumbai sind zu Sondertarifen bereit. Außerdem ist es in den meisten anderen Teilen Indiens noch viel heißer. Die Hitze lässt das Meerwasser kondensieren und Anfang Juli ziehen die ersten Regenwolken auf. Um den **10. bis 12. Juni** beginnt in Mumbai die **Regenzeit.** Bis Ende Juni halten sich die Regenmengen noch in Grenzen. Erst im Juli und August wird es richtig nass, und dies sind die Monate, die man am ehesten meiden sollte.

Gegen **Mitte September** verabschiedet sich der Regen allmählich wieder. Im Oktober kühlt sich das Wetter leicht ab und der indische „Winter" zeichnet sich allmählich ab. **Oktober** und **November** sind für Touristen **sehr gute Reisemonate**, vor allem, da im Binnenland durch den Monsun alles satt ergrünt ist. Der Oktober ist noch relativ heiß (bis zu 34 Grad), im November sinkt das Thermometer dann allmählich bis auf ca. 30 bis 32 Grad Höchsttemperatur.

Als Kleidung empfiehlt sich generell **leichte Sommerkleidung.** Baumwolle ist besser als Synthetik. Lediglich im Dezember oder Januar könnte man abends eine Jacke gebrauchen.

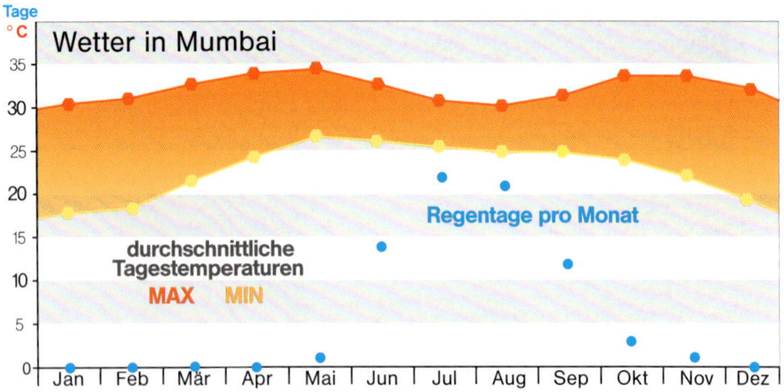

Anhang

064mb Abb.: rk

Kleine Sprachhilfe Hindi und Englisch

Hinweise zur Aussprache

- Hindi-Vokale mit einem Strich darüber werden lang gesprochen.
- „E“ und „o“ werden immer lang gesprochen; das „o“ rund wie im deutschen „Moor“.
- c = tsch
- ch = tschh
- ñ = ein Nasallaut, etwa wie im französischen Wort „bon“. Ehe man ihn übertrieben stark ausspricht, sollte man ihn besser weglassen.
- j = dscha
- v = w
- Adjektive haben eine männliche (m) oder eine weibliche (w) Form, je nach dem Geschlecht der Person oder des Gegenstandes, auf das sie sich beziehen.

Wichtige Sätze und Begriffe

Deutsch	Hindi	Englisch
Guten Morgen/Tag/Abend!	*Namaste!*	*Good morning/ afternoon/evening!*
Auf Wiedersehen!	*Namaste!*	*Goodbye!*
Danke.	*dhanyavād.*	*Thank you.*
ja	*Hāñ*	*Yes*
nein/nicht	*Nahīñ*	*No/not*
Wie spät ist es?	*Taim kitnā huā?*	*What's the time?*
heute	*āj*	*today*
morgen	*kal*	*tomorrow*
gestern	*kal* (genau wie „morgen“!)	*yesterday*
Wie gehts?	*Āp kaise (m)/kaisī (w) haiñ?*	*How are you?*
Mir geht es gut.	*Maiñ acchā (m)/acchī (w) hūñ.*	*I am fine.*
Wie heißen Sie?	*Āpkā nām kyā hai?*	*What is your name?*
Ich heiße ...	*Merā nām ... hai*	*My name is ...*
Wo kommen Sie her?	*Āpkā mulk kaunsā hai?*	*Where do you come from?*
Ich bin Deutsche/r.	*Maiñ German hūñ.*	*I'm German.*
Was kostet das?	*Yah kaise diyā jātā hai?*	*How much is this?*
Was ist der Preis?	*Dām kyā hai?*	*What is the price?*
Wieviel?	*Kitnā?*	*How much?*
Das ist zu teuer.	*Yah kāfī mahangā hai.*	*That's too much.*
billig	*sastā (m)/sastī (w)*	*cheap*
Geld	*paisā*	*money*
Rupie/n	*rūpyā/rūpye*	*rupee/s*
Taxi	*teksī*	*taxi*
Bus	*bas*	*bus*
Zug	*tren*	*train*
mit dem Taxi/Bus/Zug	*teksī/bas/tren se*	*by taxi/bus/train*

+++ NEU: Wichtige Hindi-Wörter mit dem Bonus-Audiotrack des Kauderwelsch-

Fahrschein	*tiket*	*ticket*
Wo kann ich ... bekommen?	*... kahāñ milegā?*	*Where can I get ...?*
Ich möchte ... (haben).	*Mujhe ... cāhiye.*	*I would like to have ...*
hier	*yahāñ*	*here*
dort	*vahāñ*	*there*
Essen/essen	*khānā*	*food/to eat*
Trinken/trinken	*pīnā*	*drink/to drink*
Wasser	*pānī*	*water*
sauber	*sāf*	*clean*
schmutzig	*gandā (m)/gandī (w)*	*dirty*
warm/heiß	*garam*	*warm/hot*
kalt	*thandā (m)/thandī (w)*	*cold*
Ich bin krank.	*Maiñ bīmār hūñ.*	*I am ill/sick.*
Gibt es hier einen Arzt?	*Yahāñ koī daktar hai?*	*Is there any doctor here?*
Krankenhaus	*hospital/haspital*	*hospital*
Apotheke	*pharmacy/dawāī-khānā*	*pharmacy*

Wochentage

Deutsch	Hindi	Englisch
Montag	*somvār*	*Monday*
Dienstag	*mangalvār*	*Tuesday*
Mittwoch	*budhvār*	*Wednesday*
Donnerstag	*guruvār*	*Thursday*
Freitag	*shukravār*	*Friday*
Samstag	*shanivār*	*Saturday*
Sonntag	*itvār/ravivār*	*Sunday*

Die wichtigsten Zahlen in Hindi

1	*ek*	50	*paccās*
2	*do*	60	*sāth*
3	*tīn*	70	*sattar*
4	*cār*	80	*assī*
5	*pāñc*	90	*nabbe*
6	*chhah*	100	*(ek) sau*
7	*sāt*	200	*do sau*
8	*āth*	300	*tīn sau*
9	*nau*	400	*cār sau* usw.
10	*das*	1000	*(ek) hazār*
20	*bīs*	2000	*do hazār*
30	*tīs*	3000	*tīn hazār*
40	*cālīs*	4000	*cār hazār*

www.reise-know-how.de

REISE KNOW-HOW

Unser Kundenservice auf einen Blick:

- Vielfältige Suchoptionen, einfache Bedienung
- Alle Neuerscheinungen auf einen Blick
- Schnelle Info über Erscheinungstermine
- Zusatzinfos und Latest News nach Redaktionsschluss
- Buch-Voransichten, Blättern, Probehören
- Shop: immer die aktuellste Auflage direkt ins Haus
- Versandkostenfrei ab 10 Euro (in D), schneller Versand
- Downloads von Büchern, Landkarten und Sprach-CDs
- Newsletter abonnieren, News-Archiv

Die Informations-Plattform für aktive Reisende

REISE KNOW-HOW online

Anzeige

Register

Register

Der Autor

Rainer Krack, geb. 1952, lebt als freier Reiseschriftsteller in Bangkok, verbringt aber mindestens das halbe Jahr auf Reisen in Süd- oder Südostasien. Zu Indien hat er eine ganz besondere Verbindung: Es war an einem Strand in Goa, etwa um 1980, als bei einem spektakulären, goldenen Sonnenuntergang die Idee entstand, irgendwann „in ferner Zukunft" nur noch herumzureisen und Bücher zu schreiben. Mysteriösen karmischen Umständen ist zu verdanken, dass der Wunsch schon wenige Jahre später in Erfüllung ging.

1978 besuchte Rainer Krack zu ersten Mal Mumbai, das damals noch Bombay hieß, und war sogleich von der Stadt fasziniert. Über zahllose Reisen verteilt hat er dort mittlerweile etwa vier Jahre verbracht und spricht neben Hindi auch das Mumbai-typische, nicht sehr gesellschaftsfähige Tapori-(„Ganoven"-)Hindi. Im Reise Know-How Verlag sind von Rainer Krack zahlreiche Reise-, Sprach-, und Kulturführer erschienen.

Schreiben Sie uns

Dieser CityTrip-Band ist gespickt mit Adressen, Preisen, Tipps und Infos. Nur vor Ort kann überprüft werden, was noch stimmt, was sich verändert hat, ob Preise gestiegen oder gefallen sind, ob ein Hotel, ein Restaurant immer noch empfehlenswert ist oder nicht mehr usw. Unsere Autoren sind zwar stetig unterwegs und erstellen alle zwei Jahre eine komplette Aktualisierung, aber auf die Mithilfe von Reisenden können sie nicht verzichten.

Darum: Schreiben Sie uns, was sich geändert hat, was besser sein könnte, was gestrichen bzw. ergänzt werden soll. Wenn sich die Infos direkt auf das Buch beziehen, würde die Seitenangabe uns die Arbeit sehr erleichtern. Gut verwertbare Informationen belohnt der Verlag mit einem Sprechführer Ihrer Wahl aus der über 220 Bände umfassenden Reihe „Kauderwelsch".

Bitte schreiben Sie an:
Reise Know-How Verlag Peter Rump GmbH, Postfach 140666, D-33626 Bielefeld, oder per E-Mail an: info@reise-know-how.de

Danke!

Liste der Karteneinträge

Liste der Karteneinträge

Liste der Karteneinträge

Hier nicht aufgeführte Nummern liegen außerhalb der abgebildeten Karten. Ihre Lage kann aber wie bei allen Ortsmarken im Buch mithilfe unserer Kartenansichten unter Google Maps™ gefunden werden (s. S. 143).